novos caminhos da geografia

COLEÇÃO
CAMINHOS DA GEOGRAFIA

novos caminhos da geografia

ana fani alessandri carlos (org.)

editora contexto

Coleção
Caminhos da Geografia

Preparação de originais
Sandra Garcia

Revisão
Márcio Guimarães de Araújo/Karina Oliveira

Capa
Antonio Kehl

Dados Internacionais de Catalogação na Publicação (CIP)
(Câmara Brasileira do Livro, SP, Brasil)

Novos caminhos da geografia /
Ana Fani Alessandri Carlos (organizadora). –
6. ed., 1ª reimpressão. – São Paulo : Contexto, 2023. –
(Caminhos da Geografia)

Vários autores.
ISBN 978-85-7244-106-3

1. Geografia. 2. Geografia – Estudo e ensino. 3. Geografia – Pesquisa. I. Carlos, Ana Fani Alessandri. II. Série.

99-0802 CDD-910.7

Índice para catálogo sistemático:
1. Geografia: Pesquisa 910.7

2023

EDITORA CONTEXTO
Diretor editorial: *Jaime Pinsky*

Rua Dr. José Elias, 520 – Alto da Lapa
05083-030 – São Paulo – SP
PABX: (11) 3832 5838
contato@editoracontexto.com.br
www.editoracontexto.com.br

ÍNDICE

Apresentação 7

A geografia física e as relações sociedade-natureza no mundo tropical
José Bueno Conti 9

A geografia física e as mudanças ambientais
Lylian Coltrinari 27

Relevo brasileiro: planaltos, planícies e depressões
Jurandyr Luciano Sanches Ross 41

A geografia agrária e as transformações territoriais recentes no campo brasileiro
Ariovaldo Umbelino de Oliveira 63

A geografia: pesquisa e ensino
Nídia Nacib Pontuschka 111

A cidade e as formas do comércio
Silvana Maria Pintaudi 143

O lugar e a produção do cotidiano
Amélia Luisa Damiani 161

O consumo do espaço
Ana Fani Alessandri Carlos 173

Região e geografia. A noção de região no pensamento geográfico
Sandra Lencioni 187

APRESENTAÇÃO

Novas formas de ver os problemas da natureza, novas abordagens de temas já consagrados e novos caminhos da ciência geográfica – são estas as ambições deste livro. Ele capta o atual estágio do conhecimento e aponta novos modos de se pensar o mundo moderno – um mundo em constante processo de transformação, cuja dinâmica se apresenta como um desafio à análise.

O processo de transformação do mundo impõe ao conhecimento um movimento constante de renovação, o que significa que a cada dia surgem novas ideias ou reformulam-se as velhas, isto é, reproduzem-se ideias, nessa cadeia infinita que é o conhecimento, onde somente a reflexão crítica nos permite efetivamente avançar. O conhecimento, enquanto processo dinâmico, constitui-se de modo contraditório numa necessidade imposta por determinações históricas concretas, num determinado tempo e lugar. Assim a geografia como saber, como processo de conhecimento, é, em cada momento histórico, um modo de pensar a época, movendo-se no contexto da produção do conhecimento, que é dinâmico e ininterrupto.

Refletir sobre o processo de constituição do saber geográfico é saber pensar *o espaço geográfico* em sua dimensão natural, social e histórica. Espaço que, de modo imediato, contém uma dimensão fenomenológica, intuída como elemento visível e concreto, embora aparente e incompleto. Se uma análise complexa do espaço inclui este momento, não se resume a ele, o que significa o resgate de outras dimensões mais essenciais (complexo que envolve uma multiplicidade de relações que a simples localização do fenômeno no mapa não é capaz de revelar).

A ciência geográfica tem como tarefas a compreensão explicitamente reproduzida da realidade e o questionamento sobre o modo pelo qual a análise espacial pode contribuir para o entendimento do mundo e seu processo de transformação, recriando constantemente a necessidade de se repensar o papel explicativo da geografia.

Neste livro são apresentadas algumas abordagens da pesquisa geográfica propriamente dita, reflexões que correspondem a preocupações atuais ou de balanço da geografia, que se realizam tanto no domínio da geografia física quanto humana, hoje em São Paulo. Os textos referentes à pesquisa em geografia física revelam os novos modos de ver os problemas da natureza, enquanto os textos de geografia humana reforçam novos enfoques da pesquisa.

Objetivamos com este trabalho trazer para o público (professores e estudantes, geógrafos ou não) o atual estado da produção do conhecimento geográfico, para o que convidamos alguns dos mais importantes e inquietos geógrafos brasileiros.

Convidamos o leitor a se embrenhar pelas páginas deste livro que traz uma contribuição importante ao modo como se *pensa* e *faz* geografia hoje, a partir dos desafios que as transformações da realidade nos impõem.

Ana Fani Alessandri Carlos

A GEOGRAFIA FÍSICA E AS RELAÇÕES SOCIEDADE-NATUREZA NO MUNDO TROPICAL*

*José Bueno Conti***

EXISTE UMA GEOGRAFIA FÍSICA?

Esta é a primeira indagação que se propõe.

A resposta não seria simples e envolveria, necessariamente, considerações sobre a validade da prática de se dividir a geografia em partes, exercício este questionado desde os clássicos do século XIX (estamos pensando em Humboldt), e pelos que os seguiram, até os nossos dias.

Na verdade, a geografia é o setor da ciência que estuda a Terra enquanto morada do homem e diz respeito ao espaço terrestre, sua interpretação e seu entendimento. Portanto, surgiu quando o homem passou a ter consciência espacial, e esse processo pode ser dividido em três etapas:

1. Consciência de que o espaço era um agregado de elementos heterogêneos, distribuídos de forma muito variada na superfície do planeta.

* Aula proferida pelo autor em 29/10/1996, no Salão Nobre da FFLCH da USP, por ocasião de prova pública oral de erudição no concurso para professor titular do Departamento de Geografia. Publicado originalmente em 1997 pela Humanitas Publicações e reimpresso no mesmo ano.

** Chefe do Departamento de Geografia da FFLCH-USP.

2. Consciência de que esses elementos heterogêneos formavam unidades regionais, definidas não só pelos fatores de macroescala, como latitude, altitude, distância do oceano etc., mas também pela ação antrópica.

3. Consciência dos processos interativos que envolvem natureza e sociedade, chegando a definir espaços homogêneos e determinar seus limites, sem perder de vista a unidade da geosfera.

Admite-se a geografia física como sendo o ramo da geografia que se preocupa, prioritariamente, com a natureza.

Na mais genérica das definições, diríamos que é "o conjunto dos elementos bióticos e abióticos que compõem o Universo". Portanto, o ser humano faz parte da natureza.

O conceito varia, de acordo com o período histórico e dentro do contexto cultural em que é tratado.

Segundo Milton Santos, "a natureza é o continente e o conteúdo do homem, incluindo os objetos, as ações, as crenças, os desejos e as perspectivas". É, portanto, cultura. "Com a presença do homem sobre a Terra, a natureza está sendo sempre redescoberta (...) com a criação da Natureza Social."

Na mesma linha, o mestre Pierre George, em 1989 (*Les hommes sur la Terre*), afirma que "não se deve dar prioridade à chamada geografia física, mas à localização da vida, da população, bem como à sua dinâmica relacional e conflitual com o meio ambiente". E prossegue: "Só há geografia porque há homens sobre a Terra. A geografia só interessa na medida em que ajuda a compreender como os homens nela vivem, nela podem sobreviver apesar da sua curta dimensão e seus conflitos".

Para não nos alongarmos numa citação exaustiva de estudiosos, destacaríamos, ainda, um dos nomes mais respeitados da geomorfologia deste século, R. J. Chorley, que afirmava em seu livro *Geomorfology as Human Ecology* (1973): "(...) Sem algum tipo de diálogo entre o homem e o meio físico, num contexto espacial, a geografia física deixará de existir enquanto disciplina (...) e qualquer metodologia geográfica que não reconhecer esse fato cai na obsolescência".

Por outro lado, imagina-se que, ao se tratar de geografia física e mundo tropical, afloram os riscos de se configurar uma postura determinista. Esse perigo, porém, é remoto.

É bem verdade que os praticantes da geografia física têm sido vítimas de uma injustiça histórica. A partir de certa época, passaram a ser olhados com reserva e acusados de defender ideias deterministas, porque enfatizavam o papel da natureza na interpretação do espaço terrestre. Vidal de La Blache e seus seguidores concorreram para alimentar esse preconceito ao darem muito destaque aos aspectos socioculturais como forma de lastrear o raciocínio geográfico.

Ora, os geógrafos físicos não precisam ter nenhum complexo de culpa, porque nunca negaram a enorme relevância do homem como agente transformador do espaço. Além de Chorley, já citado, chamaríamos o testemunho de William Morris Davis, que, em 1898, defendia a geografia física como "o estudo do meio físico transformado pelo homem".

Hoje em dia evoluímos cada vez mais para os estudos integrados, baseados no estruturalismo e na teoria geral dos sistemas, valorizando-se, portanto, a prática da interdisciplinaridade. Por outro lado, a concepção geossistêmica deu unidade e coerência à geografia física, ao incorporar à ação antrópica o potencial ecológico e a exploração biológica, ao mesmo tempo que concorreu para diluir as fronteiras artificialmente levantadas entre esta e a geografia humana.

Nesta altura, propõem-se duas novas indagações: pode-se falar em uma geografia dos trópicos? E o que é o trópico?

PODE-SE FALAR EM UMA GEOGRAFIA DOS TRÓPICOS?

Antigamente o conceito de trópico aprendia-se na escola de 1° grau, no tempo do bom ensino da geografia, e, a partir daí, a criança passava a entender melhor o seu entorno. Podia relacionar uma noção de macroescala, como a de *trópico*, com o arranjo espacial ou a paisagem que estava à sua volta, ou seja, com a escala local, porque tinha consciência de sua posição no globo. É preciso resgatar essa época rica, a fim de valorizar a nossa disciplina e recolocá-la como eixo dos conhecimentos humanísticos.

Todavia, o trópico não apenas uma categoria geográfica. Pode ser entendido também no plano cultural e sociológico, e neste momento estou me lembrando de Lévi-Strauss e de seu livro *Tristes trópicos*, valioso estudo etnográfico sobre o Brasil do final dos anos 30. Trópico tem ainda significado histórico e geopolítico. Outra coisa não foi o movimento colonialista senão a incorporação dos trópicos ao sistema produtivo das médias latitudes, em condições, aliás, muito vantajosas para estas, como se conclui, pelo menos, numa primeira análise.

O conceito geográfico de zona tropical, porém, tem sido objeto de debates entre os próprios geógrafos, colocando-se, de um lado, nomes ilustres com o De Martonne e Gourou (dos quais voltaremos a falar), defensores da exclusividade do uso do termo para as regiões quentes e úmidas, e, de outro, Demangeot, Planhol e Rognon, para citar apenas geógrafos franceses, que estenderam esse conceito também para os ambientes áridos.

O assunto, neste particular, é polêmico e já foi bem trabalhado. Vamos tomá-lo em sua concepção mais abrangente, compreendendo ambos os domínios, o seco e o úmido.

Do ponto de vista de suas características naturais, a zona tropical tem uma identidade muito forte. Sua posição privilegiada em relação ao recebimento da radiação solar faz acumular o calor nessas latitudes, dotando-as de um excedente energético muito significativo sobre o restante do planeta.

Estimativas indicam que esse superávit é, no mínimo, cinco vezes maior que o montante recebido pelas latitudes altas, como aquelas situadas além de 60 graus.

A diferença entre terras e águas, quanto à capacidade de absorver e reter a radiação, concorre para que o calor latente se acumule nos oceanos e, como a zona intertropical é dominantemente líquida (as águas ocupam 76% de sua extensão), o fluxo desse calor latente chega a ser três vezes superior ao dos mares das latitudes elevadas.

Essa importante concentração energética é um dado preliminar para o entendimento da natureza tropical.

Por outro lado, a interação oceano/atmosfera concorre para desenhar o mosaico climático das baixas latitudes. O giro anticiclônico (ou seja, anti-horário) das massas líquidas dos oceanos tropicais conduz as águas frias, oriundas das latitudes mais elevadas, para a costa ocidental dos continentes, tornando-as secas, resultando, portanto, em dissimetrias muito significativas quanto à distribuição das chuvas.

O padrão da circulação atmosférica também coopera para salientar os contrastes. A atuação da convergência dos alíseos e das macrocélulas de baixa pressão em torno da latitude zero origina situações de instabilidade, exacerbando a chuva. No sentido inverso, agem os anticlones estacionados entre as latitudes de 20 e 35 graus, que, por serem semipermanentes, geram extensas superfícies de estabilidade e, por conseguinte, de pouca chuva.

Naturalmente, o excedente de energia da faixa entre os trópicos estimula a evaporação de tal forma que, aproximadamente até a latitude de 20 graus, o volume de água evaporada é quase dez vezes superior à verificada nas latitudes médias. Nas áreas continentais de atmosfera estável, onde a reposição de água é insuficiente para restabelecer o equilíbrio hídrico (latitudes entre 20 e 35 graus), a consequência é o surgimento dos desertos. Há, portanto, uma enorme variedade de ambientes nos trópicos, desde os superúmidos até os hiperáridos.

Essa caracterização genérica, quando comparada às outras faixas do globo, autoriza-nos a falar menos de uma geografia tropical e mais apropriadamente de uma geografia zonal.

Aliás, a divisão da superfície da Terra em *zonas* foi um dos primeiros produtos da geografia como ciência racional. Vários séculos antes da era cristã, os gregos das escolas jônica e alexandrina já as haviam proposto, numa época em que ainda se desconheciam 90% da superfície do planeta, do que se conclui que, nesse domínio, pouco se avançou.

Em nossos dias, o mestre De Martonne, em artigo apresentado nos *Annales de Géographie*, de janeiro de 1946, também sugeria uma classificação das regiões do globo por faixas zonais, mostrando que a situada entre os trópicos era a mais bem caracterizada.

Bem antes dele, em 1912, o geomorfólogo alemão Albert Penck estabeleceria a relação entre as formas de relevo e os cinturões climáticos do planeta.

O fato é que, desde fins do século XIX, William Morris Davis havia oferecido ao exame dos estudiosos um modelo de zoneamento dos fenômenos da natureza, assinalando a estreita dependência com os climas, privilegiando, portanto, o princípio da zonalidade.

Como ressaltamos, é no contexto dessa geografia zonal que se insere a chamada geografia tropical.

O CONHECIMENTO DO MUNDO TROPICAL PELOS GEÓGRAFOS

Historicamente, o europeu entra em contato com o ambiente tropical a partir dos séculos XV e XVI, quando navegadores a serviço de Portugal e Espanha chegaram às Antilhas, contornando a África, atingindo a Ásia e desembarcando na costa da América do Sul. É curioso notar seu espanto ao entrar em contato com o novo ambiente, para eles inteiramente desconhecido. A carta de Pero Vaz de Caminha é um precioso testemunho (aliás, pouco explorado pelos geógrafos), do qual retiramos esta descrição, com data de 1º de maio de 1500: "Há lá muitas palmeiras. A terra em si é de muitos bons ares frescos e temperados como os do Douro e Minho (...) e as águas são muitas, infinitas".

Aí está uma amostra, de certa forma, surpreendente. Vê-se que o europeu tinha uma visão idílica que logo se transformaria em interesseira, como se sabe.

Vamos tratar, porém, do conhecimento dos trópicos pela comunidade acadêmica. Isso ocorreria somente em nosso século com a chegada dos geógrafos, para aí deslocados no bojo do movimento colonial. Os trabalhos mais relevantes, porém, seriam divulgados após a Segunda Guerra Mundial, quando o colonialismo já se encontrava em recuo.

É nesse momento que vem à luz o trabalho que se tornaria, até hoje, leitura obrigatória dos estudiosos das baixas latitudes: *Les pays tropicaux. Principes d'une Géographie Humaine e Economique*, de Pierre Gourou, professor belga mas integrante do Collège de France, tendo sido seu livro editado em 1948, em Paris, e prefaciado por Paul Rivet, este último muito conhecido dos brasileiros. Nesse trabalho, Gourou analisa os trópicos úmidos, desde as Américas Central e do Sul (nosso país, inclusive) até a antiga Indochina francesa, passando pela África e pelos arquipélagos do Oceano Índico.

Ao longo de todo o livro, procura enfatizar a difícil compatibilização entre o que chama de "civilização branca" e a "natureza agressiva dos trópicos", segundo ele, foco de doenças e de insalubridade. Demoraria algum tempo para que essa visão europeísta, afinal, desaparecesse porque era equivocada.

Ainda nos quadros da geografia francesa, é importante assinalar o trabalho realizado pelo grupo de Bordeaux, que nesse mesmo ano de 1948 fundou a revista *Cahiers d'Outre-Mer*, iniciativa dos professores Louis Papy e Eugéne Révert e editada pelo Institut de la France d'Outre-Mer. Pela matéria publicada, passou a ser conhecida, no meio culto europeu, como a melhor revista do mundo tropical e ainda hoje desfruta de grande prestígio.

No ano seguinte (1949), o pesquisador A. Aubreville, engenheiro de formação, porém geógrafo na prática, em seu trabalho *Climats, forêts et désértification de l'Afrique tropicale* usou, pela primeira vez, os termos *savanização* e *desertificação* para designar áreas em via de degradação na África Equatorial. Chama a atenção para as consequências do mau uso do meio ambiente, acarretando desmatamento, agravamento dos processos erosivos e do déficit hídrico dos solos.

Muitos outros ainda contribuiriam valiosamente: Robert Capot-Rey, Jean Tricart, Jean Dresch, Louis Papy, Pierre Deffontaine etc., sem falar em Pierre Denis, que havia publicado um trabalho sobre o Brasil em 1910.

Com a fundação da USP em 1934 e a implantação dos cursos de geografia em nível superior, iniciativa logo seguida pela Universidade do Rio de Janeiro, geógrafos europeus, especialmente franceses, vieram para o nosso país e lançaram as bases de nossa geografia.

Daí resultaram excelentes trabalhos sobre o meio ambiente tropical, o primeiro, a tese de doutoramento de Pierre Monbeig, *Pionniers et planteurs de São Paulo*, editada em Paris, em 1952.

Essa pesquisa celebrizou-se, entre outros motivos, por ser o estudo de uma "sociedade em movimento" e do relacionamento desse dinamismo com o quadro físico, inovando, dessa forma, o próprio conceito de espaço geográfico. Ao tratar da cultura do café, analisou de forma inteligente a penetração do capitalismo no campo no quadro da economia internacional, ou seja, o que hoje chamamos de "globalização". Lamentavelmente, alguns mal-informados proclamam ser isso exclusividade da nova geografia (crítica) praticada a partir dos anos 70!

Relevante, ainda, foi a contribuição de Francis Ruellan, que ministrou cursos de geomorfologia na Universidade de São Paulo. Seu artigo "O papel das enxurradas no modelado do relevo brasileiro", de 1953, tornar-se-ia antológico entre os estudiosos da geomorfologia de processos.

Fora dos quadros da geografia francesa, lembraríamos Leo Weibel, geógrafo alemão que, depois de percorrer o sul do México (região de Chiapas, hoje conhecida mundialmente pelo movimento zapatista), esteve entre nós de 1946 a 1950 e deixou a obra *Capítulos de geografia tropical e do Brasil*, em que há estudos sobre o sul de Goiás, a área de colonização europeia do Brasil meridional, e sobre as zonas pioneiras do Sul, Sudeste e Centro-Oeste.

Não nos esqueçamos também do geomorfólogo norte-americano Lester King, que nos anos 50 esquadrinhou o Brasil coletando dados para implementar sua teoria da pediplanação, que se tornaria muito importante para a interpretação do nosso relevo.

Todos esses mestres criariam uma verdadeira escola de geografia tropical que seria encampada pelos geógrafos brasileiros a partir dos anos 40 e 50.

Mencionaríamos, em primeiro lugar, João Dias da Silveira, que se notabilizou com a tese "As baixadas litorâneas quentes e úmidas", de 1952. Aliás, foi o insigne mestre quem, em 1951, propusera a transformação do Departamento de Geografia da USP num ponto de convergência para os geógrafos tropicalistas.

Antonio Rocha Penteado, com seus estudos amazônicos, alguns premiados internacionalmente, além dos realizados em Angola, deixou valiosa contribuição no plano do conhecimento empírico, portanto, de base.

O XVIII Congresso Internacional de Geografia, reunido em agosto de 1956, foi um evento da maior significação para a geografia dos trópicos, o primeiro e, até hoje o único, que se realizou nessa faixa do globo e ao qual estivemos presentes, na condição de alunos de graduação. Foi o momento em que a geografia brasileira ganhou maturidade e consolidou sua liderança nos estudos referentes às baixas latitudes. Nesse evento, emergiram os nomes de Orlando Valverde, Lúcio de Castro Soares, Mário Lacerda de Melo, Lysia Maria Cavalcanti Bernardes, Nilo Bernardes, Aziz Nacib Ab'Sáber, Ary França e tantos outros.

Novos nomes ainda se destacariam nos anos seguintes: Carlos Augusto de Figueiredo Monteiro, alçado, muito justamente, à condição de maior figura da climatologia brasileira das últimas décadas; Olga Cruz, cujos estudos sobre a Serra do Mar e o litoral do Sudeste brasileiro tornar-se-iam referência obrigatória para os que investigam as zonas costeiras e as encostas úmidas; Adilson Avansi de Abreu, pesquisador do trópico alto com suas teses sobre o planalto de Poços de Caldas e o Maciço do Espinhaço; Alvanir de Figueiredo, pioneiro nos estudos da geografia da erva-mate no sul de Mato Grosso, já nos limites do subtrópico. E ainda Elina de Oliveira Santos, Augusto H. Vairo Titarelli, Lylian Coltrinari, Gil Sodero de Toledo, Jurandyr Luciano Sanches Ross, Selma Simões de Castro, José Roberto Tarifa, Magda Adelaide Lombardo, para citar apenas nomes de São Paulo. Esta lista é bem incompleta, há muitos outros nomes de iguais méritos, não incluídos, mesmo porque seria uma missão quase impossível elaborá-la inteiramente.

O Brasil é o maior e mais importante país tropical do mundo e por isso deve ocupar a posição de carro-chefe nos estudos nesse domínio. Tudo indica que estamos chegando lá e os que desejarem conhecer a geografia das baixas latitudes não podem deixar de ler os trabalhos dos autores citados.

AS CONSEQUÊNCIAS DE UMA RELAÇÃO CONFLITUOSA HOMEM *VERSUS* MEIO: DESMATAMENTO E DESERTIFICAÇÃO

Aproximadamente 40% da população do globo habita a faixa intertropical e aí se distribui de forma muito desigual, fatos já conhecidos de todos.

A chamada sociedade urbano-industrial, que vem se desenvolvendo velozmente desde os fins do século XVIII, originou-se longe dos trópicos, mas seus reflexos logo se fizeram sentir sobre todo o planeta.

A expansão generalizada da cultura material e das atividades produtivas em escala até então desconhecida criou um novo tipo de relação entre o homem e a natureza, tendendo muito mais para uma postura dilapidadora do que preservacionista.

A cadeia de dependência entre os componentes do meio físico tem equilíbrio frágil. Nas regiões tropicais, onde o acúmulo de energia imprime maior agressividade aos processos, qualquer intervenção incorreta abre caminho para a desestabilização do sistema natural, com a consequente decomposição das rochas, lixiviação do solo, instabilidade das encostas e degradação generalizada.

O modelo macroeconômico que nasceu da Revolução Industrial transformou, no início, os países situados nas baixas latitudes em fornecedores de matérias-primas e produtos primários. Neste ponto, lembramos que a geografia marxista, com sua forma esquemática e economicista de interpretar o mundo, costuma classificar as regiões tropicais como "de periferia", porque são economicamente subordinadas e menos industrializadas. Isso é apenas parcialmente verdadeiro, pois hoje, com todas as transformações ocorridas, o quadro é menos simples e essa tese já pode começar a ser questionada.

Do ponto de vista de sua geografia física, os trópicos, ao contrário, dispõem de sobras de energia e as fornecem para o resto do globo. Imaginemos um cenário futuro, em que as dificuldade técnicas tenham sido vencidas e a radiação solar possa ser captada em larga escala, a preços competitivos, para uso industrial. Nesse momento, os trópicos comandarão a economia do planeta. Podemos ver que, se de algum modo nossas latitudes podem nos colocar em posição de inferioridade, a culpa não é da geografia, que nos favorece, e sim da história e da economia.

É necessário, também, ponderar a questão demográfica. No intertrópico o crescimento populacional é expressivamente mais acelerado do que o verificado em outros lugares e essa pode ser apontada como uma das causas da forte pressão sobre os recursos. Apenas uma delas, porque, nestes tempos em que tudo assume escala planetária, não se pode perder de vista o todo.

Além disso, há uma acentuada heterogeneidade de características naturais nas baixas latitudes, onde habitam povos com enormes diferenças de etnias e culturas. O exame das relações homem x meio, por conseguinte, está longe de ser uma tarefa simples.

Não vamos caracterizar cada um desses meios e tampouco indicar onde se localizam, pois resvalaríamos para um discurso excessivamente descritivo, além de supérfluo, já que se trata de matéria conhecida. Procuraremos fazer uma explanação, necessariamente sucinta, dada sua enorme dimensão, sobre os dois problemas ambientais que apresentam, aí, maior expressão: o desmatamento e o avanço da desertificação, aliás, estreitamente imbricados. Comecemos pelo desmatamento.

As florestas tropicais são objeto de interesse do mundo todo, pois exibem o mais alto grau de biodiversidade do planeta. A preservação desse ecossistema foi objeto de importantes debates, na Conferência de Cúpula Rio-92 e incluída na chamada Agenda 21, da ONU, que trata do desenvolvimento sustentado.

Entretanto, o processo de destruição das matas, embora historicamente muito antigo, vem se acelerando em progressão geométrica. O uso de recursos poderosos, como motosserras, desfolhantes químicos, escavadeiras mecânicas etc., ampliou enormemente a velocidade da devastação. Estimativas da WWF – World Wildlife Foundation – admitem que quase metade das florestas tropicais do mundo já foram eliminadas e apontam os seguintes países como campeões do desmatamento: Tailândia, Malásia, Bangladesh, República do Congo, Nigéria, Gana, Haiti e Brasil.

Como consequência, e isso interessa aos climatólogos, o volume de micropartículas de origem vegetal em suspensão na atmosfera, como os polens, é drasticamente reduzido e o processo de formação da chuva torna-se mais difícil. Isso porque as gotículas de água condensadas necessitam dessas partículas (chamadas de núcleos biogênicos) para iniciar a coalescência e a formação das nuvens.

Por outro lado, a capacidade refletora da superfície, ou seja, o albedo, aumenta cerca de três vezes no solo nu, ocasionando perda de energia incidente e reduzindo a temperatura da superfície. Como resultado, enfraquecem-se as correntes convectivas ascendentes, desestimulando a formação de chuva. Essa redução das precipitações já foi demonstrada em várias partes do mundo. Pesquisadores da Universidade de Andhra, na Índia (Malini a Bhaskar), estudando uma área-piloto de 11.160 km^2, constataram que, paralelamente à diminuição das florestas, de 2.450 para 1.470 km^2, as chuvas caíram pela metade em trinta anos (1961-1990), em consequência do desmatamento.

O ciclo hidrológico e a reciclagem do vapor d'água também são perturbados. Em nosso país, é conhecida a pesquisa realizada na Amazônia por Enéas Salati, segundo a qual 50% do vapor d'água presente na baixa atmosfera é proveniente da própria floresta, permitindo concluir que a eliminação da mata acarretaria a diminuição das chuvas pela metade.

Quanto ao problema da desertificação, visto como a perda progressiva da produtividade dos ecossistemas, afeta parcelas muito expressivas dos domínios subúmidos e semiáridos em todas as regiões quentes do mundo. É nessas áreas, ecologicamente transicionais, que a pressão sobre a biomassa se faz sentir com muita força, devido à retirada da vegetação arbustiva, ao superpastoreio e às atividades mineradoras não controladas, desencadeando estresse ambiental. O resultado é a salinização e a esterilização do solo, erosão acelerada e, finalmente, desertificação, definida na Conferência de Cúpula Rio-92 como "degradação das terras semiáridas e subúmidas resultante de vários fatores, incluindo variações climáticas e atividades humanas".

Avaliações do professor Harold E. Dregne, da Universidade do Texas, concluíram que cerca de 30% das terras emersas já estão prejudicadas pela desertificação, e desde 1977 a preocupação com o problema assumiu dimensões planetárias. Nesse ano, foi promovida, pela ONU, a Conferência Mundial sobre Desertificação, em Nairóbi, Quênia.

O fenômeno coloca sob risco toda a biosfera, porém depende de muitas variáveis, entre as quais são da maior importância as características culturais e o grau de desenvolvimento econômico das populações atingidas, ou seja, as áreas pobres do mundo apresentam muito maior vulnerabilidade.

Segundo cálculos do Programa das Nações Unidas para o Meio Ambiente (PNUMA), 86% das terras secas, porém ainda produtivas, da África acham-se danificadas pela desertificação. Como se sabe, aí estão alguns dos países mais subdesenvolvidos do mundo, como Senegal, Sudão, Mali, Chade e Etiópia. No extremo oposto encontra-se a Austrália, país de PNB elevado, que tem apenas 22% de suas áreas secas degradadas. Em 1974, o secretário-geral da ONU, Kurt Waldheim, em Uagadugu, Alto-Volta, hoje Mali, lançou o alerta: "Daqui a cinquenta anos o crescimento do deserto irá riscar do mapa três ou quatro países da África".

Portanto, a desertificação, em grande parte, é uma questão de pobreza.

No Brasil, no seio da comunidade geográfica, coube ao professor Aziz Nacib Ab'Sáber chamar a atenção para o problema com seu trabalho "Problemática da desertificação e da savanização no Brasil intertropical", apresentado em 1977, no mesmo ano da Conferência de Nairóbi. Tivemos também oportunidade de realizar uma pesquisa sobre o tema na região semiárida brasileira, apresentando-a como tese de livre-docência, no ano passado, em que chegamos a apontar manchas, onde os processos de desertificação se manifestam de forma inequívoca, em parcelas expressivas do sertão nordestino. Cremos que atendemos ao nosso dever de acrescentar também uma contribuição.

O TRÓPICO E O IMAGINÁRIO

Nesta etapa final de nosso pronunciamento, procuraremos responder a esta instigante questão: de que maneira o homem do trópico concebe seu espaço?

Não sei se chegaremos a trabalhar adequadamente o tema que se insere na geografia da percepção, especialidade refinada que foi proposta, pioneiramente e com competência, pela professora Lívia de Oliveira. Para esses estudiosos, o mundo dos fatos geográficos não inclui somente o clima, as propriedades agrícolas, o povoamento e os estados, mas também os sentimentos. O espaço é considerado em três vertentes: o espaço vivido, o percebido e o imaginado. *Topofilia*, termo criado por Yi-Fu Tuan, expressa o elo afetivo entre a pessoa e o lugar e é uma postura cultural.

O professor Jean Gallais, da Universidade de Rouen (França), em artigo de 1977, aborda o assunto começando por comparar o que chama de *espaço-padrão* das sociedades industriais com o *espaço descontínuo* das sociedades tropicais.

Segundo ele, as indústrias tendem a desenvolver no homem uma concepção do espaço vivido, como um emaranhado de diferenciações e organizações de uso coletivo. Por exemplo, a infraestrutura de transportes e comunicações. Para as sociedades pré-industriais que habitam os trópicos, o espaço é concebido como um lugar homogêneo, mas não necessariamente contínuo. Além disso, o espaço vivido é, aí, muito mais carregado de afetividade.

O autor exemplifica com algumas comunidades do Alto Nilo, cujos integrantes veem o espaço diferentemente, conforme a sazonalidade da chuva. A estação seca homogeneíza o espaço, porque facilita os percursos, ao passo que a das chuvas o fragmenta, por causa da presença de pântanos que dificultam a travessia.

Entre nós, a professora Liliana Laganá, do Departamento de Geografia, em artigo publicado este ano na revista *Travessia*, intitulado "Terra vermelha", oferece bons elementos ao narrar a saga de um jovem casal italiano que imigrou para o interior de São Paulo (colônia de Pedrinhas), nos anos que se seguiram ao fim da Segunda Guerra Mundial, mostrando a visão que cada um deles, marido e mulher, teve do novo meio. Para ele, o fascínio de construir uma cidade ideal, às margens do mundo, enfrentando a natureza desconhecida, a floresta, o calor, as distâncias e a terra roxa. Para ela, apegada às suas paisagens alpinas, com neve, inverno e brincadeiras de trenó, era espantoso trocar tudo aquilo por uma terra muito quente, de planuras sem fim, onde não havia casas nem habitantes, apenas porteiras, produzindo uma imensa sensação de vazio.

O relato, em forma de conto, desperta o leitor para a riqueza presente na alma do imigrante em sua trajetória, do ambiente natal para o desconhecido.

Nesta temática interdisciplinar, encontramos nos sociólogos contribuições bem interessantes.

Roger Bastide, desde a década de 40, questionava, no plano sociológico, os limites entre o que é chamado de *realidade* e o *imaginário*, definindo este como "uma zona intermediária entre o consciente e o inconsciente".

A professora Maria Isaura Pereira de Queiroz conceitua-o como "um conjunto de representações, de objetos, de acontecimentos que nunca foram vistos na realidade e que, muitas vezes, não apresentam relação com ela". Exemplifica examinando o imaginário do brasileiro, habitante do campo, em seu trabalho: "Le paysan brésilien et la conception des étendues".

Para os habitantes das outras latitudes, o trópico é muitas vezes uma ideia que oscila nas fronteiras do devaneio, transitando entre a realidade e a fantasia. Para muitos, no mundo afora, certos topônimos parecem envolvidos numa sonoridade especial: Taiti, Bali, Havaí, Iucatã, Galápagos, ilha de Páscoa, palavras que despertam sonhos, desejos de viagens e aventuras, que os estudiosos da geografia do turismo conhecem muito bem e exploram. O professor Jean-Marie Miossec, da Universidade de Túnis, autor indicado pela professora Adyr Rodrigues, analisa com riqueza de detalhes as diferentes modalidades de imagens com as quais trabalham as atividades turísticas dirigidas aos trópicos, onde o conteúdo simbólico das paisagens é utilizado para a produção de mitos a serem comercializados.

Concluiremos pedindo licença para dizer duas palavras que exprimem nosso entusiasmo pela geografia.

Haverá setor do conhecimento mais fortemente motivador do que o nosso?

A geografia está entre os primeiros interesses do homem culto porque é a mais abrangente e singular das ciências. Associa fatos heterogêneos e diacrônicos e é a única comprometida, ao mesmo tempo, com a sociedade e com a natureza. Seus limites são os da inteligência humana e seus horizontes, infinitos.

BIBLIOGRAFIA

ABREU, A. A. de. *Estruturação de paisagens no médio vale do Jaguari-Mirim*. Col. Geomorfologia n°s 36, 37, 38 e 39. São Paulo: Instituto de Geografia da USP, 1973.

_____. A teoria geomorfológica e sua edificação: análise crítica. *Revista do Instituto Geológico*. São Paulo: I.G. 4(1/2), 1983, pp.5-23.

AB'SÁBER, A. N. *Problemática da desertificação e da savanização no Brasil intertropical*. São Paulo: Geomorfologia nº 53. Instituto de Geografia da USP, 1977.

ARROYO, L. *A carta de Pero Vaz de Caminha*. São Paulo: Ed. Melhoramentos, 1971

AUBREVILLE, A. *Climats, forets et désértification de l'Afrique Tropicale*. Paris: Societé d'Edditions Géographiques Maritimes et Coloniales, 1949.

BASTIDE, R. *Arte e sociedade*. São Paulo: Livraria Martins Editora, 1971.

CARVALHO, A. *Solos na região de Marília. Relações entre pedogênese e evolução do relevo*. Tese de doutoramento apresentada à FFLCH da USP, 1974.

CHORLEY, R. J. Directions in Geography. In: *Geography as human ecology*. London: Meuthen, 1973, pp. 153-169.

CONTI, J. B. *Desertificação nos trópicos. Proposta de metodologia de estudo aplicada ao Nordeste brasileiro*. Tese de livre-docência apresentada à Faculdade de Filosofia, Letras e Ciências Humanas da USP. São Paulo, 1995.

CRUZ, O. *A Serra do Mar e o litoral na área de Caraguatatuba. Contribuição à geomorfologia tropical litorânea*. São Paulo: Instituto de Geografia da USP, 1974.

DEMANGEOT, J. *Les milieux naturels désértiques*. Paris: Centre de Documentation Universitaire, s/d.

DENIS, P. *Le Brésil au XXè siècle*. Paris: Libr. Armand Colin, 1910.

DREGNE, H. E. *Desertification os arid lands*. Economic Geography, Worcester (USA): Clark University, 53 (4), 1977, pp. 322-331.

FIGUEIREDO, A. *A presença geoeconômica da atividade ervateira*. Tese de doutoramento apresentada à FFCL de Presidente Prudente, 1968.

GALLAUS, J. *Alguns aspectos do espaço vivido nas civilizações do mundo tropical*. Boletim Geográfico, Rio de Janeiro: IBGE, nº 254, 1977, pp. 5-13.

GEORGE, P. *O homem na terra*. Trad. de José Gama, Lisboa: Edições 70 Ltda., 1993.

GOUROU, P. *Les pays tropicaux. Principes d'une Géographie Humaine et Economique*. Paris: Presses Universitaires de France, 1948.

KING, L. A geomorfologia do Brasil Oriental. *Revista Brasileira de Geografia*. Rio de Janeiro: IBGE, 18 (2), 1956, pp. 147-265.

LAGANÁ, L. Terra vermelha. Travessia. *Revista do Imigrante*. São Paulo: Centro de Estudos Migratórios IX (26): 5-6, 1996.

MALINI, H. B. and BHASKAR, C. U. Impact of deflorestation on rainfall patterns in the Eastern Chatt Region, India. Technical Program Abstracts. Washington, UGI. 27 *International Geographical Congress*, 1992, pp. 254-255.

MARTONNE, E. de. Géographie Zonale. *Annales de Géographie*. Paris: Armand Colin, LVè. année, nº 297,1946, pp. 1-18.

MIOSSEC, J. M. L'image touristique comme introduction à la Géographie du Tourisme. *Annales de Géographie*. Paris: Armand Colin, nº473 (86è. année), 1977, pp. 55-70.

MONBEIG, P. *Pionniers et planteurs de São Paulo*. Paris: Armand Colin, 1952.

OLIVEIRA, L. *Contribuição dos estudos cognitivos à percepção geográfica*. Geografia, Rio Claro, AGETEO 2 (3),1977, pp. 61-72.

PENTEADO, A. R. *Uma interpretação do mundo tropical baseada nas condições de sua geografia física*. Orientação. São Paulo: Instituto de Geografia da USP (1), 1965, pp.51-54.

PLANHOL, X. ET ROGNON, P. *Les zones tropicales arides et subtropicales*. Paris: Armand Colin, 1970.

QUEIROZ, M. I. P. de. Reflexões sobre o imaginário. In: O *imaginário em terra conquistada*. São Paulo: CERU, nº 4, 2ª. série, 1993, pp. 9-21.

______. Le paysan brésilien et la pérception des étendues. In: *Perspectives de la Sociologie Contemporaine*. Paris: 269-287, s/d.

RUELLAN, F. O papel das enxurradas no modelado do relevo brasileiro. *Boletim Paulista de Geografia*. São Paulo: Associação dos Geógrafos Brasileiros, nºs 13:3-18 e 14, 1953, pp. 3-25.

SALATI, E. A floresta e as águas. *Ciência Hoje*. São Paulo: SBPC 3(16), 1985, pp. 58-64.

Santos, M. 1992: A redescoberta da natureza. Aula inaugural da Faculdade de Filosofia, Letras e Ciências Humanas da usp, em 10.03.92. Edição da fflch-usp.

Silveira, J.D. da. Baixadas litorâneas quentes e úmidas. *Boletim da fflch da usp* n° 152 (8), 1952.

Strauss, L. *Tristes tropiques*. Paris: Libr. Plon, 1955.

Tuan, Yi-Fu *Topofilia. Um estudo da percepção, atitudes e valores do meio ambiente.* São Paulo: Difel, 1980.

Weibel, L. *Capítulos de geografia tropical e do Brasil*. Rio de Janeiro: ibge, 1958.

A GEOGRAFIA FÍSICA E AS MUDANÇAS AMBIENTAIS

*Lylian Coltrinari**

Geo-: do grego gé *(Terra), pertencente à Terra.*
Geo-grafia: gé-grapho, *desenho, representação gráfica da Terra.*
Geo-logia: gé-logos, *palavra, discurso sobre/da Terra.*

A GEOGRAFIA FÍSICA E AS CIÊNCIAS DA TERRA

Geografia e geologia partilham o mesmo prefixo e, de forma genérica, o mesmo objeto de interesse e estudo. No século XIX o interesse da geologia estava voltado ao conhecimento da estrutura e composição da Terra; mais tarde, a inclusão da atmosfera, dos oceanos e das águas superficiais e as descobertas sobre a expansão dos fundos submarinos e a formação e evolução dos planetas somaram novos campos de estudo e novas disciplinas. Ainda que o significado da palavra geologia inclua todos os conhecimentos sobre a Terra permanece, até hoje, a associação da geologia com o estudo das rochas, fato que dificulta a inclusão de estudos referentes à oceanografia ou climatologia.

O nome "ciências da Terra", que se generalizou a partir dos anos 60, foi utilizado no começo do século pelo geólogo estaduni-

* Professora do Departamento de Geografia da Faculdade de Filosofia, Letras e Ciências Humanas da USP.

dense Chamberlin com o intuito de abranger, além das disciplinas tradicionais, astronomia, cosmogonia e cosmologia. Na atualidade a expressão "ciências da Terra" abrange, entre outras disciplinas, a climatologia, a geologia econômica, a engenharia geológica, a geoquímica, a geocronologia, a geomorfologia, a geofísica, a hidrologia, a mineralogia, a oceanografia, a pedologia, a petrologia, a sedimentologia, a estratigrafia, a geologia estrutural e a vulcanologia, além de filosofia, epistemologia e história das ciências da Terra.

Muitas dessas disciplinas estão incluídas comumente no corpo da geografia física e no currículo dos cursos de geografia; as especialidades que trabalham com reconstruções do passado geológico, como a paleoclimatologia, a paleogeografia e a paleontologia, baseiam-se no estudo de evidências – fósseis, sedimentos, formas de relevo – localizadas na superfície terrestre, nos corpos de água ou de gelo. Esses remanescentes são analisados e interpretados por diversas disciplinas como a geomorfologia, a biogeografia, a climatologia, a pedologia e especialidades afins para elaborar posteriormente reconstruções das paisagens pretéritas.

A geografia física e a geologia têm como objetos comuns de estudo a Terra e suas várias esferas, que são, do interior para o exterior, o núcleo, o manto e a crosta (a Terra sólida), em cuja superfície ocorrem as trocas de energia entre a crosta, a atmosfera ou esfera gasosa e a hidrosfera ou esfera líquida, de que fazem parte rios, lagos e oceanos. A elas se soma, conforme a altitude e a latitude, a criosfera, que abrange as áreas cobertas de gelo. É nessa faixa de contato, hoje chamada ecosfera, que as trocas de energia criaram condições adequadas para o surgimento da vida: as plantas e os animais e, finalmente, o homem. Os limites dessa ecosfera, ou ecúmeno, em altitude e profundidade são definidos pelos limites à presença do homem, como a altitude máxima atingida pelos aviões a jato das linhas comerciais e à profundidade das escavações mais profundas e, nos oceanos, pela profundidade atingida pelos submarinos nucleares de última geração.

Como definir, então, as especificidades da geologia e da geografia física? A geologia é o estudo científico da Terra e de outros planetas, e suas atividades principais são cartografar e classificar as rochas expostas na superfície da Terra e as do interior, além de explicar sua origem e distribuição. Estão excluídos desse quadro os solos e os seres vivos. O ponto de vista tradicional considera como disciplinas específicas a petrografia (o conhecimento dos diferentes tipos de rochas), a estratigrafia (estudo das camadas de rochas em si e sua relação com as outras buscando datá-las), a paleontologia (a descrição dos fósseis), a tectônica (processos que deformam as rochas, em particular para formar montanhas, como os dobramentos e as falhas), e a geofísica (aplicação das leis e dos métodos físicos à Terra – sismos, magnetismo, entre outros).

Qual é, então, o lugar ou o papel da geografia no estudo da Terra? Se ela é – ainda – o ramo do conhecimento que descreve, classifica e explica a distribuição dos fatos materiais e humanos no espaço acessível ao homem e às atividades por ele desenvolvidas, as inter-relações são detectadas e examinadas no quadro da geografia física. Quando a geografia formula os princípios gerais que regem e explicam a organização espacial, seja das características dos fatos físicos e biológicos, seja dos homens e suas atividades, definem-se nela campos específicos e cabem à geografia física os fenômenos naturais – o relevo, o clima, as águas superficiais e subterrâneas, os oceanos, o solo, a flora e a fauna.

Qual é a especificidade da geografia física no domínio das ciências da Terra? Enquanto a geologia examina a origem e a evolução dos grandes movimentos da crosta (a tectônica), à geografia física, e especificamente à geomorfologia, interessa a distribuição das formas de relevo e dos materiais que as constituem. A geomorfologia procura o entendimento do arranjo que apresentam, na superfície da Terra, os "produtos" desses processos ou, dito de outro modo, das formas de relevo (montanhoso, falhado, vulcânico...) e dos materiais que os sustentam (rochas ígneas, metamórficas, sedimentares).

Da mesma maneira, cabem à geomorfologia a análise e a explicação das características do relevo e do modelado, assim como das rochas associadas e, a seguir, das condições que formas e materiais criam para a ocorrência de outros fenômenos e processos. Por exemplo, o condicionamento que as descontinuidades originadas pela tectônica – falhas, diáclases e juntas – podem impor à circulação da água, tanto na superfície quanto em profundidade. Os riscos associados à instabilidade potencial das zonas de falhas limitam também alguns tipos de uso do solo, como barragens de grande porte ou usinas nucleares, fato relevante para a geografia como um todo e não somente para a geomorfologia ou a geografia física. O exemplo mencionado chama a atenção novamente para a necessidade de conhecer os processos que deram origem a formas e materiais que são objetos de estudo da geologia. Essas informações ajudam o geógrafo a entender os tipos e distribuição dos relevos e das rochas na superfície da Terra, que são resultado dos fenômenos que se verificam em profundidade.

Mas os processos que ocorrem no interior da Terra não são os únicos a deixar, na superfície do planeta, sinais da evolução dos ambientes passados. Assim como o relevo e as rochas nos remetem ao passado geológico, os fósseis nos revelam a evolução da vida e ajudam também na pesquisa da história geológica da Terra, por exemplo, na datação das camadas de rochas. Com esses dados fragmentários, os cientistas reconstroem a forma e posição dos continentes e os ecossistemas na superfície da Terra em diversos momentos do passado, ou seja, as paleogeografias, os antigos "desenhos" da superfície da Terra.

O conhecimento da sucessão temporal e espacial dos ecossistemas, especialmente durante o atual período geológico, o quaternário, é importante como fonte de informação sobre a evolução dos ambientes terrestres no passado. Os ecossistemas atuais são o resultado de mudanças nos sistemas naturais que aconteceram ao longo de milhões de anos e afetaram a totalidade dos elementos bióticos – plantas e animais – e abióticos – relevo, rochas. Essas mudanças estão se multiplicando no presente e não afetam somente o conhecimento da história e a evolução dos ecossistemas: colocam em risco a sobrevivência da população da Terra pela destruição de recursos básicos, em particular na zona tropical.

MUDANÇAS AMBIENTAIS: VERTICALIZAÇÃO OU INTEGRAÇÃO?

Como obter os conhecimentos necessários para a compreensão das transformações da superfície terrestre e dos ecossistemas se, cada vez mais, as disciplinas se fecham e não se comunicam entre si? Já não se trata de estudar isoladamente, no tempo e no espaço, os diversos eventos, processos e evidências do passado, longínquo ou recente, como faz cada uma das ciências da Terra, mas de procurar trabalhar com a complexidade. O trabalho científico, tal como se desenvolveu desde o século XVIII, demarcou territórios como se os cientistas fossem proprietários de faixas exclusivas da realidade. A visão individualista que isola as áreas do conhecimento deu origem a códigos de linguagem, teorias e procedimentos para cada campo específico do conhecimento, que fortalecem, em lugar de destruir, as barreiras existentes entre as especialidades e os especialistas que as desenvolvem. Em outras palavras, as questões relativas ao ambiente – do passado e do presente – demandam uma reorganização da divisão do trabalho científico que se reflete, por exemplo, na atual preocupação com aproximações inter-trans-multi-ou-a-disciplinares.

Por outro lado, os problemas que ameaçam a sobrevivência da Terra não podem ser resolvidos de modo unilateral por qualquer ramo isolado da ciência nem por um só país ou conjunto de países. Vista do espaço exterior, a Terra não está dividida em nações ou estados; o ambiente planetário é um só e o aferimento de seu estado atual e as perspectivas futuras só pode ser efetuado por meio de programas abrangentes, como já há algum tempo vêm sendo desenvolvidos por grupos de países e organismos internacionais.

Uma das primeiras iniciativas nesse sentido foi a do Conselho Internacional das Uniões Científicas (International Council of Scientific Unions-ICSU), que lançou, em 1983, a proposta para um Programa Internacional Geosfera-Biosfera com o objetivo de estudar as mudanças globais no ambiente terrestre (geosfera) e na vida que o habita (biosfera), consideradas como partes inseparáveis do sistema Terra. Esse sistema sofre modificações constantes em escalas que abrangem desde as centenas de milhões de anos até os processos de curtíssima duração, passando pelas mais recentes e repetidas idades do gelo do quaternário.

A proposta preliminar do programa, apresentada em novembro de 1983, parte do princípio de que o sistema que sustenta a vida no globo terrestre (daí, em parte, a denominação de *mudanças globais*), mediante a produção de alimentos, vestimenta e abrigo para sustentar e dar sentido à vida humana, é o resultado da existência de ecossistemas delicadamente equilibrados. Procurava-se ainda dar continuidade e, na medida do possível, aumentar a produtividade biológica, respondendo às demandas crescentes das populações.

A proposta preliminar previa pesquisas multidisciplinares; o programa deveria desenvolver-se a partir da reunião de programas setoriais de pesquisas especializadas, precisamente desenhados, que partilhariam uma visão global do sistema Terra-Sol, de modo a interligar os estudos individuais e dar sentido à totalidade do trabalho. Somente a partir do desenvolvimento desses programas é que poderiam ser detectadas tendências, antecipando-se a ocorrência de mudanças naturais e antrópicas para os próximos cinquenta a cem anos.

O Programa Internacional Geosfera-Biosfera: um estudo das mudanças globais (International Geosphere-Biosphere Programme – IGBP: a study of global change) foi formalmente estabelecido em Berna (Suíça), em setembro de 1986, desencadeando o processo de descrição e compreensão dos processos físicos, químicos e biológicos que regulam a totalidade do sistema Terra e o ambiente único que esse sistema fornece para o desenvolvimento da vida e as mudanças que nele acontecem, em particular aquelas influenciadas pela vida humana.

O documento de fundação do IGBP estabelece que o programa terá como finalidade "descrever e entender os processos interativos físicos, químicos e biológicos que regulam todo o sistema Terra, o ambiente único que fornece para a vida, as mudanças que estão ocorrendo nele e o modo pelo qual essas mudanças são influenciadas pelas ações humanas". Grande parte do conhecimento sobre as mudanças planetárias pode ser recuperado ou, pelo menos, descoberto nas paleogeografias, as já mencionadas reconstruções da história espacial dos ecossistemas, em particular as ocorridas no período quaternário. O conhecimento das paisagens do passado é importante em especial para a zona tropical, localizada em grande parte no Hemisfério Sul, já que pouco se conhece com certeza sobre as mudanças que nela aconteceram do ponto de vista climático e ambiental.

Creio que vale a pena insistir na questão das variadas dimensões espaço-temporais dos processos que mantêm em funcionamento o sistema Terra, em particular quando se considera que os processos operam em escalas que vão do global ao local, atuando em intervalos de tempo situados entre os milhões de anos e o segundo. A amplitude desses limites faz com que possam ser estudados os processos que movimentam as placas e as turbulências atmosféricas, passando pela erosão do solo e as interferências criadas pela atividade humana a partir da Revolução Industrial.

MUDANÇAS AMBIENTAIS RÁPIDAS: OS GEOINDICADORES

As mudanças de menor amplitude e efeitos espaciais mais restritos são difíceis de perceber e pesquisar. A maior dificuldade deriva, em alguns casos, da impossibilidade de distinguir entre as mudanças naturais, em escala secular ou decenal, e os efeitos derivados da interferência humana na paisagem. Trata-se de um problema complexo já que é justamente nessas escalas que as mudanças naturais – uma cheia relâmpago, um furacão – trazem maiores consequências para a população da Terra, e que os efeitos das atividades antrópicas – o vazamento de petróleo de um navio avariado, a emissão de gases tóxicos dos complexos industriais – nos processos globais são mais intensos.

A ideia de estabelecer parâmetros, avaliar os componentes naturais das mudanças e definir a contribuição das geociências à compreensão das mudanças de curto prazo – naturais e induzidas pelo homem – surgiu no âmbito da Comissão de Ciências Geológicas para o Planejamento Ambiental (Cogeoenvironment) da

International Union for Geological Sciences, IUGS, que criou há cerca de cinco anos um grupo de trabalho sobre geoindicadores.

A iniciativa de criar um grupo especial com essa finalidade tem por base que o conhecimento preciso do estado atual do meio ambiente, da biodiversidade e das mudanças climáticas interessa aos pesquisadores, mas também é vital para os governos e as agências internacionais. Por outro lado, ainda que muitas dessas questões sejam estudadas pelas ciências da Terra, os fatores geológicos e geomorfológicos têm sido preteridos, como indicadores de mudanças globais, em favor dos fatores biológicos, ecológicos e socioeconômicos. As mudanças ambientais profundas, velozes e de sentido negativo que ameaçam a Terra e a sobrevivência do homem são, em grande parte, originadas por processos há muito pesquisados pelas ciências da Terra, que podem contribuir com informações valiosas sobre os sistemas naturais, desde aqueles que operam em intervalos de tempo curtos, quanto os que se estendem por milhares ou milhões de anos.

O equilíbrio dinâmico dos sistemas naturais e seus ajustes às mudanças do clima, dos fluxos hidrológicos e do nível do mar mostram que a natureza não é estável; as mudanças são regra, não exceção, e nem todas as transformações do ambiente podem ser atribuídas à ação do homem. No caso das mudanças de curto prazo que afetam o planeta, a maior dificuldade está na distinção entre causas naturais e antrópicas; para tanto, é necessário estabelecer parâmetros, avaliar os componentes naturais de cada mudança antes de poder estimar de modo realista a contribuição antrópica: quando os componentes naturais não são corretamente considerados, as estimativas se tornam inválidas.

No que toca à atividade humana, deve-se considerar ainda que a mais recente das "explosões" de mudanças de curto prazo, em especial nos últimos cinquenta anos, difere das anteriores em magnitude, andamento e tipo; é realmente de dimensões globais, tem progredido com velocidade inusitada e envolve mudanças maiores e diferentes nos fluxos de matéria e energia nos ecossistemas, que podem alterar o seu equilíbrio. Além disso, estas mudanças apresentam duas características claras: muitas das atividades humanas que provocam estas transformações estão fortemente concentradas, da mesma forma que suas consequências ambientais, e as modificações das paisagens terrestres continuam sendo componentes importantes dessas mudanças.

Em reunião realizada em Corner Brook (Canadá) em 1994, o grupo de trabalho concordou com a seguinte definição de geoindicadores: são medidas de magnitudes, frequências, taxas e tendências de processos ou fenômenos geológicos que ocorrem em períodos de cem anos ou menos, na – ou próximo à – superfície terrestre, sujeitos a variações significativas para a compreensão das mudanças ambientais rápidas. Os geoindicadores medem os eventos catastróficos e os mais graduais, mas evidentes no intervalo de uma vida humana. Sua aplicação pode ser complexa e de custo elevado, mas na maioria dos casos é relativamente simples e de baixo custo.

Mas como listar geoindicadores geomorfológicos de mudanças ambientais e propor parâmetros espaço-temporais para cada um deles? Várias dificuldades se apresentam, como estabelecer parâmetros espaço-temporais para avaliar e monitorar a degradação de um pântano e das margens dos desertos ou organizar uma lista para a zona tropical úmida sem considerar, além da complexidade "natural" dos ecossistemas, os fatores sociais e econômicos por trás da intervenção antrópica.

Como solução para esse problema a reunião concluiu que no momento atual só é possível organizar inventários, de forma que, quando os indicadores forem utilizados, possa se determinar quanto há de natural ou de antropogênico neles. Assim, em etapas posteriores haverá possibilidade de utilizá-los em diferentes ambientes e comunidades. Houve acordo também em relação à necessidade de trabalhar com geoindicadores quantitativos e qualitativos.

GEOINDICADORES PARA OS TRÓPICOS ÚMIDOS: UMA SÍNTESE

O ambiente tropical úmido é menos conhecido que muitos outros, não existem dados a respeito ou são escassos e é bastante difícil diferenciar as mudanças naturais das antropogênicas. A pesquisa dos geoindicadores pode ser um meio de reunir dados sobre as mudanças passadas e presentes, divulgar e utilizar métodos simples de avaliação e controle das mudanças ambientais e ajudar a distinguir as variações naturais das induzidas pelo homem.

Processos e parâmetros sujeitos a mudanças na zona tropical na escala temporal prevista para os geoindicadores são incluídos a seguir juntamente com seus parâmetros e uma lista de fontes de dados. Os indicadores adequados devem ser monitorados em escalas espaço-temporais que variam de acordo com o tamanho, a extensão, a amplitude, a duração e a periodicidade dos processos e os parâmetros monitorados. Entre eles devem ser especialmente considerados a distribuição sazonal da chuva, os ciclos vegetais e o ciclo anual das queimadas, capazes de causar mudanças importantes nos geoindicadores na zona tropical úmida.

1. Processos e parâmetros ambientais sujeitos a mudanças:
   a. Erosão do solo por fluxos superficiais e movimentos de massa, relacionados ou não a atividades humanas;
   b. Conteúdo de matéria orgânica no solo, com suas consequências nos seus atributos;
   c. Volume e área dos depósitos tecnogênicos;
   d. Morfologia dos canais fluviais em consequência de modificações na vazão e/ou carga sólida;
   e. Sedimentação fluvial causada por processos de vertentes e fluviais ou atividades nas planícies de inundação;
   f. Os deltas, como arquivos de registro de mudanças, tanto na história da bacia como no nível do mar;
   g. Erosão e sedimentação costeira causadas por processos naturais ou perturbações humanas, inclusive a degradação do mangue por sedimentação e poluição química;
   h. Degradação das florestas;
   i. Poluição e/ou acidificação do ar, da água e da terra, dentro e em torno das áreas de mineração e distritos industriais.

2. Geoindicadores a serem monitorados. Os seguintes processos e parâmetros foram selecionados considerando, em primeiro lugar, que acontecerão mudanças mensuráveis e, em segundo, que as mudanças nos diferentes sistemas podem fornecer informação confiável e significativa para os pesquisadores e o público em geral:

a. Expansão das superfícies de solo nu;
b. Mudança de fluxo generalizado a concentrado;
c. Erosão nas cabeceiras;
d. Coluvionamento e aluvionamento;
e. Mudanças na morfometria e na morfologia das vertentes;
f. Taxas de movimentos de massa e sinais de futuros movimentos;
g. Mudanças nos canais;
h. Vazão e carga sólida dos rios;
i. Mudanças qualitativas e quantitativas na vegetação;
j. Taxas de destruição das florestas.

3. Fontes de dados sobre geoindicadores

a. Pesquisa de campo:
- Trincheiras e vertentes de ravinas;
- Instalação de parcelas para monitoramento dos processos geomórficos e do tempo;
- Levantamento e amostragem de solos e materiais superficiais;
- Mapas e perfis de vertentes;
- Monitoramento meteorológico no andar inferior da vegetação e nas clareiras para a comparação com séries de dados anteriores;
- Levantamentos de campo da vegetação.

b. Para completar os dados da pesquisa de campo e/ou avaliar mudanças em escala regional/continental ao longo de anos/decênios outras fontes podem ser adequadas:

- Imagens digitais de satélites para análise manual ou por computador;
- Fotos aéreas e terrestres;
- Interpretação e comparação entre levantamentos atuais e passados;
- Comparação entre mapas topográficos, de vegetação, geológicos, geomorfológicos e de solos, e entre levantamentos topográficos atuais e passados;
- Dados meteorológicos e hidrológicos;
- Análises físicas e químicas, estudos micromorfológicos de solos e depósitos superficiais.

4. Avaliação de mudanças passadas (quaternário superior)

a. Análise e interpretação de produtos de sensoriamento remoto e bancos de dados;
b. Relatórios científicos, técnicos, políticos, socioeconômicos que contenham diagnósticos sobre questões ambientais;
c. Dissertações de cursos de pós-graduação em geografia, geologia, meteorologia, engenharia, geoquímica, ciência do solo, climatologia, hidrologia, arqueologia, arquitetura da paisagem e outros;
d. Dados geológicos, arqueológicos, paleontológicos e correlatos; métodos de datação aplicados a depósitos geológicos;
e. Documentos, mapas, fotografias, pinturas de paisagens – em arquivos, coleções, museus e bibliotecas oficiais e particulares.

AS PERSPECTIVAS

Os temas e os problemas apresentados no decorrer deste texto resumem algumas das várias questões que inquietam os cientistas em todos os países e refletem preocupação quanto ao papel da geografia – em especial a geografia física – na pesquisa. Parece claro que o geógrafo tem papel importante a assumir na procura do entendimento das relações entre os sistemas naturais que são seu objeto de estudo, parcial ou totalmente, conforme sua especialidade, e as formas variadas em tempo e espaço de intervenção do homem.

Contudo, a maior preocupação talvez seja a que provém, por exemplo, do acompanhamento das notícias e informações que alguns meios de comunicação fazem, por vezes, dos complexos processos que mantêm o sistema Terra em funcionamento e em condições de assegurar a sobrevivência do homem. A natureza é apresentada como "responsável" ou "culpada" – numa antropomorfização que nada tem de científica – pela ocorrência de processos catastróficos, "agressiva" em suas "reações" e geradora de danos. Falta, parece, informação correta e adequada sobre as causas dos processos que os cientistas investigam, já que esses episódios aparentemente saídos do nada correspondem, na realidade, a rupturas do equilíbrio natural do meio ambiente, às vezes desencadeadas pela interferência das ações humanas.

Informações imprecisas e generalizações inadequadas fazem parte dos noticiários e extrapolam o temário relativo ao meio ambiente, já que nem sempre as demandas do mercado deixam espaço e tempo para a precisão e o reexame da notícia. Outras vezes é perceptível, em comentários e projeções sobre questões ambientais, uma combinação de desinformação e ausência de senso crítico, sugerindo falta de familiaridade com eventos ou episódios banais (do ponto de vista científico) no ambiente em que se vive, como escorregamentos e enchentes que passam a ser "demonizados" ou tidos como responsáveis pelos males que o verão traz.

É evidente que as explicações não passam só pelo conhecimento do regime climático e características do relevo e das rochas, comportando considerações sobre as formas de apropriação do território e episódios da história social, econômica e política brasileira. Não é fácil encontrar o ponto de equilíbrio que permita apreender a diversidade dos fatos e construir pontos de vista ao mesmo tempo corretos e de fácil transmissão. Fica a impressão de que, em algum ponto entre a pesquisa científica e a informação cotidiana, há um vazio em que deveria estar a ponte construída pelo ensino.

BIBLIOGRAFIA

ALLABY, Ailsa e ALLABY, Michael (editores). *The concise Oxford dictionary of earth sciences*. Oxford: Oxford University Press, 1991.

COLTRINARI, Lylian. *Ciências da terra e geografia (física)*. [manuscrito]. 1998, 4p.

_____. Geografía de los cambios globales: ¿una geografía para el siglo XXI? *Boletim Paulista de Geografia*. São Paulo: 1994, nº 73, pp.7-16.

_____. e MCCALL, G. Joseph. Geoindicadores: Ciências da Terra e mudanças ambientais. *Revista do Departamento de Geografia*. São Paulo: 1995, nº 9, pp. 5-11.

_____. Natural and anthropogenic interactions in the Brazilian tropics. In: BERGER, Antony R. e IAMS, William J. (editores). *Geoindicators : Assessing rapid environmental changes in Earth systems*. Rotterdam: A. A. Balkema, 1996, pp. 295-310.

GONÇALVES, Carlos Walter Porto. *Geografia e interdisciplinaridade: as lutas pelo poder de (di)visão*. Florianópolis: Colóquio 'O discurso geográfico na aurora do século XX' [manuscrito]. 1996. 27p.

GOTTMAN, Jean. Geography. In: BULLOCK, Alan e STALLYBRASS, Oliver (coord.). *The Fontana dictionary of modern thought*. Londres: Fontana/Collins, 1977, pp. 260-261.

ICSU. *International Geosphere-Biosphere Programme: a study of global change*. Report nº 2,16-19, July 1987, 21p.

NASA. *Earth System Science – A closer view*. Washington, D.C.: National Aeronautics and Space Administration Advisory Council, Earth System Science Committee, 1988, 208p.

MORIN, Edgar. *Ciência com consciência*. Trad. Maria D. Alexandre e Maria Alice Sampaio Dória. Rio de Janeiro: Bertrand Brasil, 1996, pp.135-140.

SALEM, Lionel (organizador). *Dicionário das ciências*. Trad. (coordenador) Mauro M. G. de Carvalho. São Paulo: Vozes e Editora da Unicamp, 1995, pp. 257-258.

RELEVO BRASILEIRO: PLANALTOS, PLANÍCIES E DEPRESSÕES

*Jurandyr Luciano Sanches Ross**

A CONCEPÇÃO GENÉTICA DA CLASSIFICAÇÃO DO RELEVO

As formas do relevo terrestre, que são componentes da litosfera, independentemente de seus tamanhos, são muito importantes no condicionamento dos processos de organização geográfica das sociedades humanas. As formas são resultantes de processos genéticos de origem estrutural e escultural. Os processos estruturais estão associados às forças ativas e passivas, que agem na litosfera ou crosta terrestre, do interior para o exterior, sendo denominados mecanismos dos processos endógenos. Os processos esculturais estão relacionados com as forças ativas de natureza climática, que agem na litosfera, do exterior para o interior, sendo denominados processos exógenos.

Os mecanismos das forças endógenas são decorrentes das movimentações da crosta terrestre ou litosfera, por intermédio dos deslocamentos das placas tectônicas que a compõem. As forças ativas que agem na litosfera revelam-se durante os abalos sísmicos (terremotos), o vulcanismo, os falhamentos e fraturas, os dobramentos e as intrusões ígneas. As forças passivas da litosfera são

* Professor doutor do Departamento de Geografia da Faculdade de Filosofia, Letras e Ciências Humanas da USP.

representadas pelas diferenças de resistência que os tipos de rochas e seus arranjos estruturais oferecem aos processos esculturais ou de desgaste. Assim, o rebaixamento por processo erosivo é mais ou menos acentuado, em razão do grau de resistência que uma determinada rocha oferece à ação climática ao longo de milhões de anos.

Os processos esculturais, também chamados de exógenos, são comandados pelas diferenciadas atividades climáticas que agem na superfície da Terra, promovendo alterações químicas e físicas nas partes mais expostas da litosfera e gerando processos erosivos, transportes e deposições de sedimentos. Esses mecanismos se diferenciam por tipos e intensidades, conforme as características climáticas locais e regionais.

As estruturas e os processos endógenos geralmente tendem a definir as grandes formas do relevo, enquanto os processos exógenos determinam maior influência genética nas formas menores. Pode-se entender isso melhor quando se associam as macroformas do relevo às grandes estruturas como planaltos e bacias sedimentares, planaltos e serras dos cinturões orogênicos (dobramentos). Já as formas menores, como colinas, morros, planícies, associam-se a determinadas condições climáticas. As colinas e os morros de topos e vertentes convexas estão, por exemplo, associados às condições de clima quente e úmido.

As grandes unidades ou macroformas do relevo brasileiro são geneticamente identificadas por planaltos, depressões e planícies e são decorrentes de atividades tectônicas e climáticas que se processam ao longo de milhões de anos. Entende-se por planaltos os terrenos que se constituem por superfícies topográficas irregulares, geralmente com altitudes que superam os 300 metros, mas que podem ultrapassar os 2 ou 3.000 metros, caracterizando-se por relevos residuais decorrentes de prolongados processos erosivos. Os planaltos constituem-se por conjuntos de morros, colinas, serras, escarpas e chapadas. Esses terrenos são sustentados por estruturas e rochas diversas, podendo ser ígneas, sedimentares ou metamórficas.

As depressões são caracterizadas por superfícies rebaixadas e aplanadas por prolongados processos erosivos e que se posicionam entre os terrenos pouco mais elevados dos planaltos. Apresentam-se com altitudes que oscilam entre 100 e 500 metros, predominando formas aplanadas ou em colinas baixas. Podem estar em algumas áreas cobertas por camadas sedimentares extensas, como ocorre com a Depressão da Amazônia Ocidental.

As planícies são caracterizadas por terrenos absolutamente planos, geralmente posicionados nas partes mais baixas de uma bacia hidrográfica, bem como na faixa costeira marinha. As planícies são formadas por depósitos recentes de sedimentos transportados e depositados por processos fluviais, marinhos, lacustres glaciais e até mesmo eólicos.

No território brasileiro, as unidades que se destacam são os planaltos e as depressões que os circundam, enquanto as planícies ficam restritas aos terrenos baixos que acompanham os rios de maior tamanho e a faixa litorânea, principalmente no norte e no extremo sul do país.

Para que se entenda adequadamente o relevo brasileiro é preciso que se estabeleçam as relações genéticas com a Cordilheira dos Andes, na faixa ocidental da América do Sul. Conforme se pode observar na figura da página seguinte, do continente sul-americano, tem-se de norte a sul, acompanhando o litoral do Oceano Pacífico, a Cordilheira dos Andes, que se caracteriza por um grande conjunto de serras de elevadas altitudes que se mostram relativamente estreitas e alongadas. Na parte central do continente, desde a Venezuela até a Argentina, passando pelo oeste do Brasil, Bolívia, Peru e Paraguai, encontra-se uma faixa de terras também estreita, alongada e baixa (até 250 metros de altitude nas partes mais elevadas), caracterizando-se uma extensa depressão, que em algumas áreas assume características de planícies fluviais extensas, onde prevalecem depósitos de sedimentos cenozoicos. No restante do continente os terrenos são medianamente elevados, constituídos por planaltos e depressões que se estendem pelo território brasileiro e das Guianas.

A origem da Cordilheira dos Andes está relacionada com os processos orogenéticos, ou seja, é formada a partir de extensas estruturas dobradas, que se desenvolvem no cenozoico (terciário e quaternário), ou seja, nos últimos 60/70 milhões de anos. A gênese dos dobramentos andinos está associada à movimentação dos continentes decorrente do encontro da placa tectônica do Pacífico (Placa de Nazca) com a Placa Sul-Americana. Esse processo de dobramentos é acompanhado de vulcanismo, intrusões, falhamentos e abalos sísmicos na faixa continental à margem do Oceano Pacífico e soerguimento generalizado, porém desigual, na extremidade leste na borda do Atlântico. Esse processo de soerguimento, chamado de epirogênese, é, portanto, concomitante com os dobramentos andinos. O levantamento do território brasileiro vem ocorrendo ao longo do cenozoico (últimos 60/70 milhões de anos) e é o principal responsável pelo desencadeamento de processos de esculturação, que rebaixam progressivamente, por erosão, algumas partes do terreno, deixando outras mais preservadas. Assim, o soerguimento por epirogênese do território brasileiro favoreceu as atividades de desgaste pela prolongada ação erosiva ao longo dos

ESTRUTURA DA AMÉRICA DO SUL

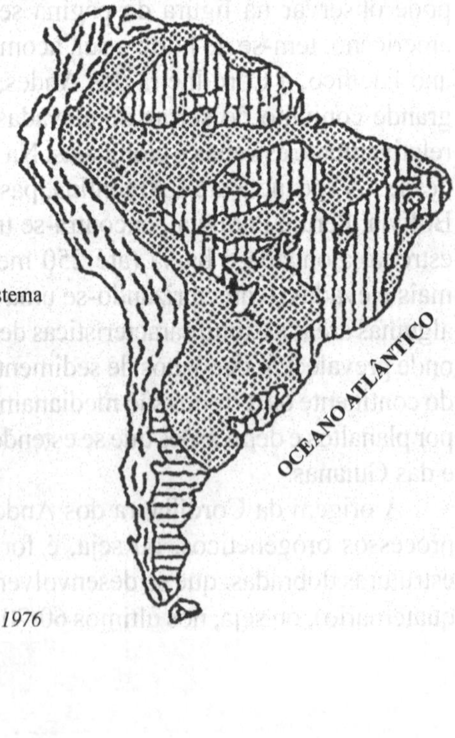

Plataforma Sul-Americana

- Cordilheira dos Andes e Sistema Montanhoso do Caribe
- Plataforma Patagônica
- Coberturas Fanerozoicas
- Embasamento Cristalino

Fonte: Adaptado de ALMEIDA et al., *1976*

tempos, com alternâncias de fases de clima semiárido e árido com climas quentes e úmidos.

Esse soerguimento, durante o cenozoico, explica a existência, no relevo brasileiro, de planaltos esculpidos em bacias sedimentares, que atualmente estão posicionadas em terrenos mais elevados, mas que, no passado, constituíam-se em terras baixas. Os processos esculturais, que se desenvolveram e que ainda se desenvolvem a partir do soerguimento, são os responsáveis pela abertura e rebaixamento das depressões que se interpenetram nos planaltos, pondo em saliência ou ressaltando todos os planaltos encontrados no Brasil.

AS MACROFORMAS DO RELEVO BRASILEIRO

Ao considerar-se a macrocompartimentação do relevo brasileiro, não se pode negligenciar sua natureza morfogenética. Desse modo, toda a história e morfocronologia são mais significativas a partir do cretáceo, ou seja, durante o terciário e o quaternário. É fato consumado pelos trabalhos de Ab'Saber, Almeida e outros que a compartimentação do relevo brasileiro tem fortes ligações genéticas com o soerguimento da Plataforma Sul-Americana ao longo do cenozoico (epirogênese pós-cretácea) e com os processos erosivos de caráter circundenudacionais que ocorreram no terciário e no quaternário. Considerando, porém, que o soerguimento da plataforma não se deu de forma igual tanto espacialmente quanto na velocidade. Por outro lado, os processos erosivos que mantiveram como motores a epirogênese e os diversos climas também não mantiveram o mesmo vigor ao longo do espaço e do tempo. Assim, em razão da maior ou menor atuação da tectônica, dos diferentes graus de resistência das litologias, dos diversos arranjos de estrutura e da maior ou menor agressividade dos climas, ora mais secos (áridos e semiáridos), ora úmidos e semiúmidos, com várias alternâncias durante o terciário e quaternário, permitiram a esculturação de diversos modelados.

A proposta de identificação e classificação das macrounidades do relevo brasileiro foi fundamentada nas contribuições de Ab'Saber (1949,1964,1969,1970,1971) e em praticamente todos os

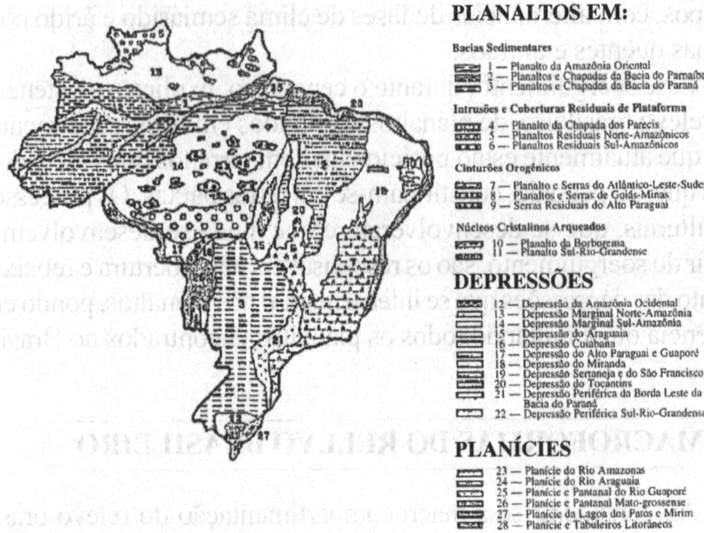

relatórios e mapas produzidos pelo Projeto Radambrasil, nas décadas de 70 e 80. Por causa da escala de apresentação, que se restringe a uma figura de ilustração, foi necessário estabelecer um elevado grau de generalização e consequentemente simplificação, obtendo-se um quadro-síntese dos macrocompartimentos do relevo brasileiro. Como a finalidade é didática e claramente voltada para o ensino de geografia do Brasil, não se vê nesta simplificação grandes problemas.

O princípio da classificação é genética e definem-se três grandes categorias de macroformas de relevo: planaltos, depressões e planícies.

UNIDADES DOS PLANALTOS

As áreas representadas por compartimentos de planalto foram classificadas em quatro grandes categorias a que se denominaram planaltos em:

1- Bacias sedimentares
2- Intrusões e coberturas residuais de plataforma
3- Núcleos cristalinos arqueados
4- Cinturões orogênicos.

Independentemente da influência estrutural que marca cada uma dessas unidades, elas assumem em sua maioria caráter de formas residuais. Isso decorre do fato de que tais planaltos estão circundados por extensas áreas de depressões relativas que põem em destaque os relevos mais altos que ofereceram maiores dificuldades ao desgaste erosivo.

PLANALTOS EM BACIAS SEDIMENTARES

Os planaltos em bacias sedimentares são quase que inteiramente circundados por depressões periféricas ou marginais. Essas unidades também se caracterizam por apresentar nos contatos (planaltos-depressões) os relevos escarpados caracterizados por frentes de cuestas. Estão representados pelos planaltos da Bacia Amazônica Oriental, planaltos e chapadas da Bacia do Parnaíba e planaltos e chapadas da Bacia do Paraná.

Na Bacia Amazônica, distinguem-se claramente as duas unidades individualizadas tanto pelo modelado quanto pela gênese do Planalto da Amazônia Oriental e a Depressão da Amazônia Ocidental. O Planalto da Amazônia Oriental caracteriza-se por modelado e associação de formas de topos convexos ou planos com ocorrência descontínua de morros residuais de topos planos. Os relevos residuais em forma de "mesa" estão quase sempre associados aos sedimentos terciários da formação Barreiras, enquanto os terrenos mais dissecados estão esculpidos nos sedimentos paleomesozoicos. Tanto ao norte quanto ao sul, esse planalto tem limites claramente definidos por mudanças bruscas no modelado, às vezes em forma de escarpa. O limite norte é definido por uma frente de cuesta, onde as altitudes estão em torno de 400 metros nos trechos mais altos, enquanto que no sul o aspecto é de relevo cuestiforme sem caracterizar-se por escarpa, com os trechos mais altos ultrapassando os 300 metros.

Os planaltos e chapadas da Bacia do Parnaíba apresentam um modelado muito complexo. Todo limite sul e oeste desta unidade é marcado por contato abrupto com as depressões circundantes pelas escarpas caracterizadas por frentes de cuesta, enquanto o limite norte coalesce em praticamente toda a sua extensão com os terrenos baixos da Bacia Amazônica. O sul desta unidade é demarcado pela frente de cuesta, do Ibiapaba ou Serra Grande do Piauí, mas expõe para o interior da bacia outros degraus menores, correspondentes às frentes de cuestas desdobradas. Na extremidade oeste, o fato se repete, observando-se frentes de cuesta desdobradas, destacando-se entre elas os degraus das serras do Lajeado e do Estrondo no Estado do Tocantins. Na parte central da bacia ocorrem extensas superfícies altas e planas, caracterizadas por chapadas como a das Mangabeiras, onde altitudes atingem mais de 1.000 metros. A chamada Serra do Divisor, que corresponde a um prolongamento para o sul da Bacia do Parnaíba, serve como divisor de águas dos rios São Francisco e Tocantins. Esse trecho constitui uma alongada chapada demarcada a leste e a oeste por relevos escarpados, enquanto ao sul conecta-se com a superfície plana e alta de Brasília. Os topos planos e amplos desse planalto são sustentados pelos sedimentos do cretáceo, enquanto os trechos dissecados e os escarpados, normalmente, associam-se aos sedimentos mais antigos do devoniano ao carbonífero, portanto, do paleozoico.

Os planaltos e chapadas da Bacia do Paraná englobam terrenos sedimentares com idades que vão do devoniano ao cretáceo, bem como extensa ocorrência, principalmente na parte sul da bacia, das rochas vulcânicas básicas e ácidas do jura-cretáceo. Todo contato dessa unidade com as depressões circundantes é feito por meio de escarpas que se identificam como frentes de cuesta única ou desdobradas em duas ou mais frentes. Na borda leste aparece com uma única frente no estado de São Paulo, mas nos estados do Paraná e Santa Catarina desdobra-se em duas frentes, uma nos terrenos do devoniano e outra nas formações vulcânicas do jura-cretáceo. No Rio Grande do Sul a escarpa é sustentada quase que exclusivamente pelas rochas vulcânicas.

No setor nordeste (centro-sul de Goiás) e em Minas Gerais, na maior parte do trecho os contatos são nivelados com os planaltos, não se observando de forma contínua uma depressão típica. Já na extremidade norte, ainda no Estado de Goiás, verifica-se o contato com a Depressão do Araguaia por intermédio de três frentes de cuestas desdobradas da chamada Serra do Caiapó. Neste trecho, as frentes são sustentadas pelas formações rochosas do devoniano, do carbonífero e do jura-cretáceo. Na porção oeste e noroeste, em contato com o Pantanal Mato-Grossense e a Depressão Cuiabana, também observam-se frentes de cuestas desdobradas obedecendo à mesma sequência da seção norte. Estas frentes ora se definem como patamares horizontalizados, ora como patamares inclinados, compondo depressões monoclinais embutidas no planalto. São frequentes, nas bordas norte e noroeste, extensas superfícies altas e planas que atingem entre 900 e 1.000 metros de altitude denominadas chapadas. São seus exemplos marcantes as chapadas do Alto Taquari, Maracaju, Guimarães, do Sudeste de Goiás, do Triângulo Mineiro (Uberlândia). A borda da bacia nos estados de Goiás, Mato Grosso, Mato Grosso do Sul, Minas Gerais e São Paulo raramente ultrapassa os 1.000 metros de altitude, enquanto nos estados do sul ganha altura progressiva a partir do sul do estado de São Paulo, atingindo em torno de 1.500 metros no nordeste do estado do Rio Grande do Sul. No setor sudeste desse planalto, que corresponde às áreas mais elevadas das bordas da bacia, ocorrem superfícies aplanadas de forte condicionamento estrutural, que coincidem com as áreas dos campos limpos de Guarapuava (PR), Herciliópolis-Irani e Campos Novos (SC) e Vacaria (RS), onde os solos são rasos e prevalecem as formações rochosas vulcânicas ácidas.

PLANALTOS EM INTRUSÕES E COBERTURAS RESIDUAIS DE PLATAFORMA

Estas unidades não se constituem exclusivamente por coberturas sedimentares residuais de prolongados processos erosivos, mas também por um pontilhado de serras e morros isolados associados a intrusões graníticas, derrames vulcânicos antigos e resíduos de dobramentos, com ou sem metamorfismo, correspondentes às formações do pré-cambriano inferior ao superior, com exceção do planalto e chapada dos Parecis, cuja litologia é do cretáceo.

Os *Planaltos Residuais Norte-Amazônicos*, que se estendem desde o Amapá até o norte dos estados do Amazonas e Roraima, apresentam altimetrias que chegam a atingir os 3.000 metros (Pico da Neblina), mas no geral oscilam entre 600 e 1.000 metros. Constituem-se em áreas serranas descontínuas representadas por relevos de aspecto residual, interpenetradas pela superfície da Depressão Marginal Norte-Amazônica. Estas formas de relevos estão esculpidas em diferentes litologias da Plataforma Amazônica (Norte) que correspondem às rochas sedimentares (pré-cambriano), sobretudo arenitos, vulcânicas ácidas, bem como intrusões graníticas do pré-cambriano médio a superior. Sobressaem alguns nomes de serras como Taperapecó, Imeri, Parima, Cotrimani, Acaraí, Tumucumaque, Ipitinga, Navio, entre outras.

Os *Planaltos Residuais Sul-Amazônicos* abrangem uma área bem mais extensa da Plataforma Amazônica (Sul), estendendo-se desde o sul do Pará até Rondônia. É uma vasta área toda pontilhada por intrusões graníticas do pré-cambriano superior que determinam formas de relevo em morros de topos convexos com distribuição espacial descontínua. Algumas serras como Gorotire, Gradaus e Seringa são exemplos desse tipo de relevo. Juntamente com tais intrusões, ocorrem extensas áreas de coberturas sedimentares antigas (pré-cambriano e paleozoico inferior), que frequentemente definem formas de relevos residuais de topos retilinizados a planos, em alguns casos configurando-se em chapadas. Como a Chapada do Cachimbo e as serras de Cubencranquem, Dardanelos, Caíabis, Providência, Pacaás Novos. Há ainda relevos residuais esculpidos em estruturas marcadas por vulcanismo antigo, associados com sedimentos, intrusões e dobramentos com metamorfismo, como ocorre com a Serra dos Carajás, entre outras menores. Todo esse pontilhado descontínuo de relevos residuais sustentados por sedimentos antigos, intrusões, vulcanismo ou ainda dobramentos com metamorfismo são interpenetrados por uma vasta superfície mais baixa e aplanada representada pela Depressão Marginal Sul-Amazônica.

O *Planalto e a Chapada dos Parecis* abrange uma grande área que se estende do leste de Mato Grosso ao sudeste de Rondônia.

Corresponde a uma faixa de terrenos sedimentares (arenito) do cretáceo com recobrimento descontínuo de detritos finos próprios do terciário. Localiza-se parcialmente na porção do divisor de águas Amazonas-Paraguai-Guaporé, onde apresenta altitudes de 800 metros no trecho da chapada a sudoeste da unidade. No restante, as altitudes variam entre 450 e 650 metros. As formas predominantes do relevo são de topos planos ligeiramente convexizados, o que caracteriza a suavidade da topografia, embora no conjunto esta seja de caráter residual. Na parte norte, esta unidade sofre um rebaixamento contínuo e gradativo, coalescendo com a superfície da Depressão Marginal Sul-Amazônica no nível dos 400 metros. Já a leste e a sul, os limites com as depressões do Araguaia, Cuiabana e do Alto Paraguai são feitos por meio de escarpas de aspecto cuestiforme, com um ou mais degraus, configurando respectivamente as serras do Roncador, Daniel e Tapirapuã.

PLANALTOS EM NÚCLEOS CRISTALINOS ARQUEADOS

Estas unidades estão representadas pelo *Planalto da Borborema*, na parte oriental do nordeste, e pelo *Planalto Sul-Rio-Grandense*, no sudeste do Rio Grande do Sul. Tanto um, quanto outro, fazem parte do cinturão orogênico da faixa atlântica, entretanto recebem essa classificação por se encontrarem relativamente isolados e corresponderem a segmento dos dobramentos antigos soerguidos em forma de abóbada. Nos dizeres de Ab'Saber (1972): "O nordeste oriental e o sudeste do Rio Grande do Sul são áreas dos escudos orientais sul-americanos onde é particularmente expressiva a presença de núcleos cristalinos de conformação geral dômica". Essas unidades comportam-se como maciços antigos intensamente trabalhados por processos erosivos que se desenvolveram ao longo do cenozoico. Verifica-se que no reverso de ambos geraram-se extensas depressões que acabaram por se interpor entre os maciços antigos e as bacias sedimentares do Paraná no sul e do Parnaíba no nordeste.

O Planalto da Borborema ocupa posição a leste do estado de Pernambuco e suas áreas mais elevadas atingem entre 800 e 1.000 metros de altitude. Apesar da presença de segmentos de topos retilinizados, o modelado dominante são as formas convexas esculpidas em litologias do cristalino, representadas por intrusivas ou ainda metamórficas de diferentes idades ao longo do pré-cambriano. O Planalto Sul-Rio-Grandense, com litologias diferenciadas também de idades e gêneses diversas durante o pré-cambriano, apresenta modelado com formas ligeiramente convexas, entretanto os níveis altimétricos mais elevados não ultrapassam os 450 metros.

PLANALTOS EM CINTURÕES OROGÊNICOS

Os planaltos que ocorrem nas faixas de orogenia antiga correspondem a relevos residuais sustentados por litologias diversas, quase sempre metamórficas associadas com intrusivas. Essas unidades estão em áreas de estruturas dobradas correspondentes aos Cinturões Orogênicos Paraguai-Araguaia, Brasília e Atlântico. Nesses planaltos, em razão de sua natureza estrutural, encontram-se inúmeras serras, quase sempre associadas aos resíduos de estruturas anticlinais ou sinclinais intensivamente atacadas por processos erosivos, desde o pré-cretáceo ao terciário-quaternário. Estão nessa categoria genética os planaltos e serras do Atlântico, os planaltos e serras de Goiás e Minas, e as serras residuais do Alto Paraguai.

Os planaltos e serras do Atlântico Leste-Sudeste que se associam ao Cinturão Orogênico do Atlântico apresentam maior grau de complexidade. Sua gênese vincula-se a vários ciclos de dobramentos acompanhados de metamorfismos regionais, falhamentos e extensas intrusões. As diversas fases orogenéticas do pré-cambriano foram sucedidas por ciclos de erosão. O processo epirogenético pós-cretáceo que perdurou pelo cenozoico gerou o soerguimento da Plataforma Sul-Americana, reativou falhamentos antigos e produziu escarpas acentuadas como a da Serra da Mantiqueira e Serra do Mar, e as fossas tectônicas, como as do médio Vale do Paraíba do Sul.

Verifica-se a presença de diversos níveis morfológicos de caráter regional que vão desde 800 metros, passando para 1.000 a 1.200 metros, mas em segmentos isolados ultrapassam os 2.000 metros. Nessa unidade, incluem-se, além das áreas planálticas da faixa do litoral delimitadas por escarpas, a extensa Serra do Espinhaço, que abrange terrenos desde as proximidades de Belo Horizonte (MG) até o médio Vale do Rio São Francisco no centro-oeste da Bahia. O modelado dominante do Planalto Atlântico constitui-se por formas em morros de topos convexos, elevada densidade de canais de drenagem e vales profundos. É a área definida por Ab'Saber (1970) como de "domínio dos mares de morros".

Os planaltos e serras de Goiás-Minas estão associados a faixa de dobramentos Brasília. Estende-se desde a área centro-norte de Goiás (Bacia do Alto Tocantins) até o sudoeste de Minas Gerais, região da Serra da Canastra. Esse planalto configura-se como verdadeiras serras residuais, como ocorre com as serras da Canastra (MG), da Bocaina, Dourada, Mesa e Geral do Paraná, em Goiás. Essas serras comportam-se como resíduos das antigas dobras, constituindo alinhamentos de cristas que ora representam bordas de anticlinais interiormente erodidas, ora abas de sinclinais alçadas. Estas são sustentadas com frequência por rochas metamórficas, sobretudo quartzitos, entretanto também associam-se a elas intrusões de natureza granítica. São frequentes as ocorrências de extensos topos planos com aspectos de chapadas, como ocorre em trechos da Serra da Canastra, em Minas Gerais, na Chapada dos Veadeiros, a nordeste do Distrito Federal. Esses topos planos associam-se às superfícies de erosão, que remontam ao pré-cretáceo com reafeiçoamento no terciário-quaternário. Essa unidade apresenta níveis altimétricos que oscilam entre 1.000 e 1.200 metros, com alguns segmentos atingindo 1.400 metros ao norte do Distrito Federal.

As serras residuais do Alto Paraguai também fazem parte de extensa área pertencente ao chamado Cinturão Orogênico Paraguai-Araguai. Essa unidade tem continuidade por um segmento ao sul do Pantanal Mato-Grossense, onde recebe a denominação de Serra da Bodoquena, e outro segmento maior ao norte do Pantanal com a denominação de Serra das Araras ou Província Serrana. São formas residuais de dobramentos em anticlinais e sinclinais, do pré-cambriano, cujos processos erosivos do pré-cretáceo e do cenozoico geraram formas de relevo em feixes de cristas assimétricas e grosseiramente paralelas entre si, sustentadas por arenitos de alta resistência. Ao contrário dos casos anteriores, esta área serrana de modelado peculiar não sofreu metamorfismo regional significativo nem intrusões como os demais. Constituem-se exclusivamente de rochas sedimentares antigas, dobradas por processos orogenéticos e posteriormente desgastadas por prolongados processos erosivos, gerando níveis que oscilam de 600 a 800 metros de altitude.

UNIDADES DAS DEPRESSÕES

As depressões no território brasileiro têm uma característica genética muito marcante, por terem sido geradas por processos erosivos circundenudacionais com atuação mais acentuada nos contatos das bordas das bacias sedimentares com maciços antigos. As atividades erosivas com alternâncias de períodos secos e úmidos esculpiram ao longo do cenozoico (terciário e quaternário) as depressões periféricas, as marginais e as monoclinais, que aparecem circundando as bordas das bacias sedimentares e se interpondo entre elas e os maciços antigos do cristalino.

A atuação das atividades erosivas evidentemente não ocorrem somente ao longo das atuais depressões, mas também sobre planaltos, porém nas primeiras as marcas paleoclimáticas são mais evidentes. Chama a atenção a extensividade dessas depressões que avançam por estruturas muito diferenciadas. Isso certamente se deve às alternâncias das fases de pediplanação dos períodos secos com as de meteorização bioquímica e erosão linear dos períodos úmidos. Em função da relação espacial dessas depressões com as estruturas das bacias sedimentares e dos maciços antigos, Ab'Saber (1972) estabeleceu a seguinte classificação:

Depressões periféricas subsequentes
Depressões marginais com eversão
Depressões marginais com eversão e formação de bacias detríticas modernas

Nesse caso, procurou-se utilizar denominações já consagradas na literatura com alguma simplificação em decorrência do objetivo deste trabalho. As depressões receberam as seguintes denominações em função de suas localizações geográficas:

Depressão da Amazônia Ocidental
Depressão Marginal Norte-Amazônica
Depressão Marginal Sul-Amazônica
Depressão do Araguaia
Depressão Cuiabana
Depressões do Alto Paraguai-Guaporé
Depressão do Miranda
Depressão Sertaneja e do São Francisco
Depressão do Tocantins
Depressão Periférica da Borda Leste da Bacia do Paraná
Depressão Periférica Sul-Rio-Grandense

A *Depressão da Amazônia Ocidental* enquadra-se no que Ab'Saber (1964) incluiu nas terras baixas amazônicas. Essa área do oeste da Amazônia exibe terrenos baixos, inferiores a 200 metros de altitude, fracamente dissecados em forma de colinas de topos planos ou levemente convexizados, esculpidos nos sedimentos terciários e quaternários da formação Solimões. Enquadrou-se na categoria de depressão por tratar-se de uma superfície nivelada plana com um tênue processo fluvial de dissecação que nos impede de caracterizá-la como planície. Tanto ao norte quanto ao sul, faz limite sem ruptura de nível com as depressões Marginais Norte e Sul-Amazônicas. A Depressão da Amazônia Ocidental tem continuidade, portanto faz parte da Depressão Central Sul-Americana, que se estende da bacia do Rio Orenoco na Venezuela à bacia do Rio da Prata na Argentina-Uruguai.

As *Depressões Marginais Norte e Sul-Amazônica* enquadram-se na classificação de Ab'Saber (op. cit.) como sendo do tipo marginal com eversão. Isso se deve ao fato de ambas margearem as bordas norte e sul da bacia sedimentar amazônica e encontrarem-se totalmente esculpidas em litologias do cristalino da Plataforma Amazônica. A superfície dessas depressões certamente passaram por aplanamentos antigos anteriores à formação da Bacia Amazônica e posteriormente a sua formação sofreu exumação ao longo do terciário-quaternário, expondo novamente a referida superfície.

A *Depressão Marginal Norte-Amazônica*, cujas altimetrias oscilam entre 200 e 300 metros, se interpõe entre as bordas da bacia sedimentar amazônica (Planalto da Amazônia Oriental), onde o contato se faz por intermédio de uma frente de cuesta bem marcada e ao norte com os relevos do Planalto Residual Norte-Amazônico esculpido no cristalino com intrusões e sedimentos de coberturas antigas e contatos frequentemente escarpados. Em direção ao leste termina no litoral do Amapá, enquanto que para oeste avança para os territórios da Amazônia Venezuelana. O modelado caracteriza-se por formas de topos levemente convexos, ocorrendo alguns pequenos morros residuais, geralmente associados às intrusões graníticas.

A *Depressão Marginal Sul-Amazônica*, com gênese semelhante à anterior, é muito mais extensa. Essa unidade tem limite setentrional na borda da Bacia Sedimentar Amazônica ou onde o contato se faz pelos patamares mal-delineados que no conjunto lembram uma frente de cuesta descaracterizada pela erosão. Ao sul tem sua terminação no contato em nível com o Planalto dos Parecis. À oeste avança pelo território da Bolívia na fronteira do estado de Rondônia, enquanto para leste tem continuidade nas Depressões do Araguaia e Tocantins. O modelado é marcado por formas de relevo de topos levemente convexizados, mas sua característica marcante é a intensa presença de relevos residuais, representados ora por intrusões graníticas, ora por coberturas sedimentares antigas da Plataforma Sul-Amazônica.

A *Depressão do Araguaia* é na realidade uma extensão mais linear da Depressão Marginal Sul-Amazônica. Essa unidade acompanha o Vale do Araguaia, tendo na sua parte central a presença isolada da Planície do Rio Araguaia, onde se insere a Ilha do Bananal. É delimitada a oeste pelas bordas escarpadas do Planalto dos Parecis, que localmente é conhecido por Serra do Roncador. À leste seu limite é feito por relevos mais elevados esculpidos em rochas metamórficas do Cinturão Orogênico do Paraguai-Araguaia e nos sedimentos da borda ocidental da Bacia do Parnaíba, representada aí pelos patamares da Serra do Estrondo. No sul o limite é determinado pelas frentes de cuesta da borda setentrional da Bacia Sedimentar do Paraná. O modelado é marcado por formas de relevo quase plano com altimetrias que oscilam de 200 metros, no norte, a 350 metros, na extremidade sul; a superfície desta depressão corta diversas formações rochosas, tais como as cristalinas da Plataforma Sul-Amazônica e as metassedimentares dos dobramentos do Paraguai-Araguaia.

A *Depressão Cuiabana*, que se enquadra na classificação de Ab'Saber (op. cit.) como do tipo marginal de eversão, encontra-se embutida entre as Serras Residuais do Alto Paraguai a oeste e norte e a leste a escarpa de cuesta da borda noroeste da Bacia Sedimentar do Paraná. Apresenta um modelado levemente convexizado, esculpido nos metassedimentos do grupo Cuiabá, também pertencente ao Cinturão Orogênico Paraguai-Araguaia. Essa unidade constitui uma superfície em rampa que gradualmente se eleva dos 150 metros no contato com o Pantanal aos 400 metros na extremidade norte.

As *Depressões do Alto Paraguai-Guaporé* estão ligadas por um segmento levemente inclinado posicionado entre as bacias do Rio Jauru e do Rio Guaporé. Grande parte dessas unidades mostram-se encobertas por sedimentos finos da mesma origem dos existentes no Pantanal de Mato Grosso e do Guaporé. A Depressão do Alto Paraguai abrange uma área maior, delimitando-se pelas serras residuais no leste e por escarpas do Planalto do Parecis, a norte e noroeste. Já o trecho que compreende a Depressão do Guaporé é bem estreito, interpondo-se de um lado com as escarpas do Parecis e de outro com as do Pantanal do Guaporé. As altitudes oscilam entre 150 e 200 metros em ambas.

A *Depressão do Miranda* é drenada pela bacia do rio homônimo. Constitui uma superfície baixa e muito aplanada, cujas altimetrias estão entre 100 e 150 metros. Essa unidade corresponde geneticamente à Depressão Cuiabana, ao norte, com extensão muito menor. Está delimitada a oeste pelas cristas residuais da Serra da Bodoquena e, a leste, pelas escarpas de frente de cuesta da borda da Bacia do Paraná (Serra de Maracaju). Tal unidade está esculpida em litologias do pré-cambriano superior, pertencentes ao Cinturão Orogênico Paraguai-Araguaia.

A *Depressão do Tocantins*, de forma semelhante à Depressão do Araguaia, acompanha o vale do rio homônimo. Assume em grande parte de seu trecho norte a característica de depressão monoclinal por estar seccionando a borda ocidental da Bacia Sedimentar do Parnaíba. Na secção sul está esculpida principalmente nas litologias do cristalino do Complexo Goiano. De norte para sul, ganha lentamente altitude, atingindo em torno dos 400 metros na área de confluência dos rios Maranhão e Paraná, formadores do Tocantins. De modo geral, mostra um modelado quase plano, portanto com fraca dissecação.

A *Depressão Sertaneja e do São Francisco* compreende uma extensa área rebaixada e predominantemente aplanada, constituindo uma superfície de erosão com diversas litologias e arranjos estruturais. Essa superfície apresenta inúmeros trechos com ocorrência de relevos residuais denominados inselbergues, quase sempre associados às litologias do cristalino, sejam elas metamórficas ou intrusivas. Existem alguns relevos residuais de maior extensão, esculpidos em sedimentos do cretáceo, como ocorre com as chapadas do Araripe no interior de Pernambuco e Ceará e do Apodi nas proximidades do litoral do Rio Grande do Norte. Essa vasta depressão se interpõe entre o Planalto da Borborema, posicionado na extremidade oriental da região nordeste, e as escarpas de frente de cuesta da Serra Grande ou Ibiapaba, na borda leste da Bacia do Parnaíba. O limite oeste estende-se para o sul ainda por meio de escarpas pertencentes ora à Chapada das Mangabeiras, ora à Chapada da Serra do Divisor ou Serra Geral de Góias. Iniciando-se ao norte e a leste do litoral nordestino, alonga-se para o interior acompanhando o médio vale do Rio São Francisco. No trecho centro-sul, interpõe-se entre os feixes de cristas elevadas da Serra do Espinhaço (a leste) e as escarpas esculpidas nos sedimentos da Serra do Divisor (a oeste). As altitudes dessa unidade oscilam de 200 metros ao norte a 500 metros ao sul, enquanto o modelado caracteriza-se por formas aplanadas com fraca dissecação.

A *Depressão Periférica da Borda Leste da Bacia do Paraná* está quase que totalmente nos sedimentos paleomesozoicos da bacia. Apresenta características de modelados diversos em função da influência tectônica, variação litológica e dos graus de atuação nos processos morfodinâmicos de diferentes ambientes paleoclimáticos. No trecho que compreende o território paulista, esta unidade apresenta altitudes que oscilam entre 600 e 750 metros, enquanto as altitudes maiores margeiam as escarpas da frente de cuesta sustentadas principalmente pelos derrames basálticos. Na direção do estado do Paraná, a unidade ganha altitude atingindo 900 metros. Enquanto em São Paulo passa-se de terrenos altos do cristalino para a depressão mais baixa e esculpida em sedimentos, nos estados do Paraná e de Santa Catarina o cristalino aplanado (Curitiba-Castro) apresenta-se parcialmente mais baixo do que os sedimentos da borda da Bacia Sedimentar do Paraná. Desse modo, há um extenso trecho do cristalino que se inclui na depressão. Diante da maior dificuldade de denominação, a área do cristalino é conhecida nesses estados como primeiro planalto, a escarpa mantida pelos sedimentos devonianos da Bacia do Paraná como segundo planalto, e a escarpa sustentada pelas rochas dos derrames vulcânicos como terceiro planalto. A unidade tem terminação norte da Serra da Canastra no alto Rio Grande, enquanto no sul estreita-se até desaparecer quase no litoral na fronteira entre os estados do Rio Grande do Sul e Santa Catarina.

A *Depressão Periférica Sul-Rio-Grandense* guarda algumas características genéticas e morfológicas à semelhança da unidade anteriormente descrita. Da mesma forma que a anterior, está esculpida principalmente em sedimentos da borda da bacia sedimentar, encontrando-se entre o relevo esculpido em maciço antigo de um lado correspondente ao Planalto Sul-Rio-Grandense e do outro as escarpas da borda da bacia mantidas por basaltos. Essa unidade encontra-se em posição altimétrica bem mais baixa, entre 100 e 200 metros nos trechos mais altos, e é drenada pela Bacia do Rio Jacuí com drenagem subsequente. É delimitada a oeste e a noroeste por escarpas de frente de cuestas, em sua maior parte mantidas pelos derrames vulcânicos, compondo-se pelas rochas de basalto.

UNIDADES DAS PLANÍCIES

Os relevos que se caracterizam por planícies correspondem genericamente às áreas essencialmente planas, geradas por deposição de sedimentos recentes, de origem marinha, lacustre ou fluvial. São áreas onde atualmente predominam os processos agradacionais ou de acumulação. Nesta categoria encontram-se as grandes unidades como as planícies dos rios Amazonas, Guaporé, Araguaia, Paraguai e as planícies das lagoas dos Patos e Mirim, além de inúmeras outras pequenas planícies e tabuleiros ao longo do litoral brasileiro ou no interior do território. As planícies estão associadas aos depósitos recentes, principalmente do holoceno.

A *Planície do Rio Amazonas* constitui-se em uma unidade bem menor do que se pensava há alguns anos. Essa planície apresenta cordões mais elevados margeando o leito do rio, formando os diques fluviais recobertos por florestas aluviais. Encontrando-se pouco mais baixo, plano e afastado dos leitos fluviais, estão os pântanos que representam extensos trechos onde se observa a maior permanência de água de inundações, com o recobrimento da vegetação de gramíneas. A área mais ampla dessa planície ocorre na Ilha do Marajó, mas sua presença é marcante ao longo de todo o Rio Amazonas, bem como nos baixos cursos de seus afluentes.

A *Planície do Rio Araguaia* ocorre sobretudo no trecho de seu médio curso, onde está a Ilha do Bananal. Essa unidade é extremamente plana, constituída por sedimentos recentes e nivelados nos 200 metros de altitude com total recobrimento de cerrados abertos e campos limpos.

A *Planície do Rio Guaporé*, que também se caracteriza predominantemente por um pantanal, constitui um terreno plano, nivelado em torno de 220 metros. Estende-se para o território boliviano, onde se une ao Pantanal Mato-Grossense drenado pelo Rio Paraguai.

A *Planície e o Pantanal do Rio Paraguai ou Mato-Grossense* correspondem a uma significativa área de deposição de sedimentos aluviais recentes, que avança em direção à Bolívia e ao Paraguai, com altimetrias que oscilam entre 100 e 150 metros.

As *Planícies das Lagoas dos Patos e Mirim* geradas pela dinâmica deposicional marinha e lacustre ocorrem em quase todo o litoral do território do Rio Grande do Sul, onde se observa um alinhamento de lagoas, restingas, praias e planícies marinhas e fluviais. As demais planícies litorâneas representam pequenas planícies de foz de rios de maior porte, como o Paraíba do Sul, Doce, nos estados do Rio de Janeiro e Espírito Santo, Ribeira do Iguape, em São Paulo, e São Francisco, em Sergipe-Alagoas, que têm deposições significativas junto à foz.

Os tabuleiros litorâneos que se estendem do estado do Rio de Janeiro ao Amapá constituem-se por uma estreita faixa de terrenos sedimentares do terciário, conhecida como formação Barreiras. Ela é representada preferencialmente por colinas de topos planos e vales encaixados, em contato abrupto do tipo barreiras ou falésias no limite das praias e o do mar.

BIBLIOGRAFIA

AB'SABER, Aziz Nacib. Regiões de circundenudação pós-cretáceas no Planalto Brasileiro. In: *Boletim Paulista de Geografia*, nº 1, São Paulo, 1949.

_____. O relevo brasileiro e seus problemas. In: *Brasil, a terra e o homem*, vol. 1 cap. III. São Paulo: Cia. Editora Nacional, 1964.

AB'SABER, Aziz Nacib. Ritmo da epirogênese pós-cretácea e setores das superfícies neogênicas em São *Paulo*. In: *Geomorfologia* 13, São Paulo: IGEOG/USP, 1969.

_____. Da participação de depressões periféricas e superfícies aplainadas na compartimentação do Planalto Brasileiro. In: *Geomorfologia* 28, São Paulo: IGEOGE/USP, 1972.

BRASIL, M. M. E. DNPM. *Projeto Radambrasil e levantamento de recursos naturais*, volumes de 1 a 36. Rio de Janeiro: 1978-1987.

ROSS, J. L. S. Relevo Brasileiro, uma nova proposta de classificação. In: *Revista do Depto. de Geografia* nº 4, São Paulo: FFLCH-USP, 1990.

_____. Os fundamentos naturais da geografia. In: *Geografia do Brasil*, Edusp, São Paulo: 1996.

A GEOGRAFIA AGRÁRIA E AS TRANSFORMAÇÕES TERRITORIAIS RECENTES NO CAMPO BRASILEIRO*

*Ariovaldo Umbelino de Oliveira***

Minha vida é andar por este país
Pra ver se um dia descanso feliz
Guardando as recordações
Das terras onde eu passei
Andando pelo sertões
E dos amigos que lá deixei ...

Luiz Gonzaga e Hervê Cordovil – *A vida de viajante*

INTRODUÇÃO

O tema *Geografia agrária e as transformações territoriais recentes no campo brasileiro* abre perspectivas para discussões profundas sobre os rumos que o Brasil está trilhando na virada do século xx. Discutir esse tema também é função básica da produção acadêmica. Discernir entre o político, o ideológico e o teórico é igualmente tarefa da reflexão intelectual. Assim, esta apresentação caminha entre as contradições que formam o entendimento do mundo atual e o estado da arte da geografia brasileira.

* Prova de erudição apresentada para o concurso de provimento de cargo de professor titular junto ao Departamento de Geografia, área de geografia, na Faculdade de Filosofia, Letras e Ciências Humanas da Universidade de São Paulo, em 3 de março de 1998.
** Professor titular do Departamento de Geografia – FFLCH-USP.

Todos estamos inseridos no turbilhão mundial da modernidade. Uns engajam-se no *establishment*, outros criticam-no. Uns fazem da ciência instrumento de ascensão social e envolvimento político, outros procuram colocar o conhecimento científico a serviço da transformação e da justiça social. Não se trata, pois, de apontar o que está certo ou errado. Trata-se, isso sim, de construir as explicações das diferenças, demarcá-las e revelá-las por inteiro. A produção intelectual da geografia brasileira na atualidade está marcada por essas diferenças, portanto trata-se de aprofundá-las. E aprofundá-las significa compreender também que a ciência e a tecnologia tornaram-se forças produtivas. Deixaram de ser mero suporte do capital para se converter em agentes de sua acumulação. Consequentemente, mudou o modo de inserção dos cientistas e dos técnicos na sociedade; agora eles se tornaram agentes econômicos diretos. A força do capital na atualidade encontra-se no monopólio do conhecimento e da informação. Há muito tempo, os investimentos de capitais no desenvolvimento de pesquisas constitui a base da possibilidade de avanço tecnológico das empresas. A constituição de associações entre empresas tem visado a redução da relação custo-benefício para esses empreendimentos. Os pesquisadores ou administradores, a cada dia que passa, transformam-se em verdadeiros parceiros nos negócios. Transformam-se, portanto, em capitalistas associados.

Discutir essas contradições é um dos objetivos desta apresentação, que procurará, além da necessária reflexão a respeito dessa práxis, dar conta da utopia para pensá-la como instrumento que permita a construção da liberdade, da autonomia e do compromisso social no interior da prática universitária.

É nesse contexto que entendo as transformações recentes ocorridas na configuração territorial do Brasil e do mundo no final do século e milênio passados. Essas transformações revelam que o Brasil mudou, que o mundo mudou. O capitalismo adquiriu novos padrões de acumulação e exploração. É essa nova feição do capitalismo que muitos chamaram de modernidade ou que alguns geógrafos denominaram pós-modernidade. Afinal, estamos diante da pós-modernidade? Aliás, como em todo modismo, este tema já está sendo abandonado pela geografia. Então pergunto: afinal, estamos em pleno apogeu da modernidade ou, como prefere Robert Kurz, em pleno apogeu do *colapso da modernização*?

> Nunca houve tanto fim. Com o colapso do socialismo real, toda uma época desaparece e vira história. A constelação familiar da sociedade mundial da época pós-guerra está se dissolvendo diante de nossos olhos com rapidez incrível. Acabou-se toda uma era; mas levanta-se a premente pergunta: que era foi essa?[1]

Como se sabe, a realidade é a única referência para submetermos a discussão nossas concepções teóricas. Desse modo, este debate deve estar submetido ao entendimento que temos a respeito dos processos de desenvolvimento da agricultura capitalista. Caso contrário, podemos continuar, como tem sido regra na história do pensamento geográfico, a "geografizar" um debate que tem dimensões filosóficas, históricas e políticas.

A PRODUÇÃO GEOGRÁFICA E A AGRICULTURA

A geografia moderna, como a maioria das ciências humanas, nasceu no século XIX, sob a égide do debate filosófico entre o *positivismo*, o *historicismo* e por certo a influência da *dialética*. Penso que essas três correntes filosóficas de pensamento estão na formação das raízes do pensamento geográfico moderno. Os trabalhos de Manuel Correia de Andrade e Horácio Capel iluminam nessa direção. Manuel Correia de Andrade[2] aponta para a existência de uma geografia libertária representada pelos trabalhos de Elisée Reclus[3] e Piotr Kropotkin[4]. Já Capel[5] faz referência a um geógrafo anarquista marginalizado.

Assim, estou assumindo uma posição crítica em relação a autores que tratam desse período da história da geografia qualificando-o como geografia tradicional, como é o caso de Antonio Carlos Robert Moraes[6] e Ruy Moreira[7]. Esta expressão não permite revelar a raiz historicista da geografia nem dá conta do importante debate entre o materialismo e o idealismo nas ciências humanas, particularmente no século passado. Em minha tese de doutorado, em 1978, já apontava essa questão na geografia. Mais do que camuflar o debate, esta posição tem contribuído para que os geógrafos continuem, na maioria das vezes, "geografizando" a discussão sob o signo do debate determinismo *versus* possibilismo. Essa postura, em primeiro lugar, retira a discussão do campo da filosofia, em que ela deve ser feita, e remete-a à análise da realidade (relação entre a sociedade e a natureza) vista quase que exclusivamente entre geógrafos. Em segundo lugar, remete a origem da geografia, exclusivamente, ao positivismo. Em terceiro lugar, continua desconhecendo as possibilidades de existência de uma terceira raiz do pensamento geográfico, construída sob a influência da dialética.

O debate filosófico, travado no século XIX, tinha como centro a possibilidade de as ciências humanas possuírem estatuto científico próprio, e era esta discussão que opunha positivistas e historicistas e ambos àqueles influenciados pelo pensamento hegeliano. Esse rico debate deve ser entendido agora no interior de uma visão social de mundo entendida como perspectiva de conjunto, como a estrutura categorial, como o estilo de pensamento socialmente condicionado que, como todos sabemos, pode ser ideológico ou utópico. Não se trata, pois, de opor ciência a ideologia ou ideologia a utopia, temos que articular essas formas sociais de pensar o mundo e entendê-las historicamente, como propõe Michael Löwy[8].

O positivismo, que teve em Auguste Comte[9] um de seus principais pensadores, como uma doutrina da neutralidade axiológica do saber, estava fundado em um conjunto de premissas que estruturaram *um "sistema" coerente e operacional que entende que: 1) A sociedade é regida por leis naturais, isto é, leis invariáveis, independentes da vontade e da ação humana; na vida social, reina uma harmonia natural. 2) A sociedade pode, portanto, ser epistemologicamente assimilada pela natureza (o que classificaremos como "naturalismo positivista") e ser estudada pelos mesmos métodos,* démarches *(método, modo de evolução, trajetória) e processos empregados pelas ciências da natureza. 3) As ciências da sociedade, assim como as da natureza, devem limitar-se à observação e à explicação causal dos fenômenos, de forma objetiva, neutra, livre de julgamentos de valor ou ideologias, descartando previamente todas as pré-noções e preconceitos.*[10]

A difusão dessas ideias, particularmente do postulado de uma ciência axiologicamente neutra, apareceu também fora do quadro estrito do positivismo, alcançando mesmo o historicismo e o marxismo. Esse fenômeno revela, antes de tudo, uma certa *dimensão positivista* no interior de vertentes dessas escolas de pensamento. Não custa lembrar que embora o positivismo tenha surgido como utopia crítico-revolucionária da burguesia antiabsolutista tornou-se, ainda no século XIX, uma ideologia conservadora identificada com a ordem industrial burguesa estabelecida. Esse postulado da neutralidade valorativa das ciências humanas conduziu, inevitavelmente, à negação ou a que os seguidores ignorassem o condicionamento histórico-social do conhecimento. Por outro lado, reforçou sua base doutrinária na objetividade e neutralidade científico-social. Parece óbvio insistir que o movimento neopositivista na geografia, ou seja, o empirismo lógico, manteve praticamente intacto esses postulados básicos, sobretudo o da objetividade e neutralidade.

A história do pensamento geográfico na geografia agrária não foi, em hipótese nenhuma, diferente da influência dessa corrente de pensamento, sobretudo na sua versão atual, teórico-quantitativista, está claramente presente entre os geógrafos que estudam o campo. O artigo "Renovação da geografia agrária no Brasil" em *Simpósio: a renovação da geografia*[11], publicado pela AGB-Associação dos Geógrafos Brasileiros em 1973, e o livro *Geografia da agricultura*, publicado pela Difel em 1984, de autoria de José Alexandre Filizola Diniz[12], são ótimos exemplos dessa corrente, na versão do empirismo lógico.

O historicismo, por sua vez, como escola de pensamento, fundada na Alemanha, teve como um de seus principais representantes Wilhelm Dilthey[13]. Essa escola, que nasceu no interior do idealismo defendendo a autonomia do estatuto científico das ciências humanas, admitia que:

> 1) Todo fenômeno cultural, social, ou político é histórico e não pode ser compreendido senão através da e na sua historicidade. 2) Existem diferenças fundamentais entre os fatos naturais e os fatos históricos e,

consequentemente, entre as ciências que os estudam. 3) Não somente o objeto da pesquisa está imerso no fluxo da história, mas também o sujeito, o próprio pesquisador, sua perspectiva, seu método, seu ponto de vista.[14]

O historicismo está, pois, na raiz filosófica daquilo que os geógrafos chamam de *possibilismo*. Também não é demais lembrar que a discussão sobre a região na geografia tem que passar necessariamente pelo historicismo. Entretanto, o historicismo ressurge como uma espécie de neo-historicismo. Movimento que aparece também no interior do marxismo e que, via de regra, além de manter os princípios basilares do historicismo, ou seja, o conservadorismo, incorre quase sempre na "tentação *reducionista* (da História, sobretudo como método), ou ao menos na ausência de articulação precisa e sem equívoco entre o condicionamento social do pensamento e a autonomia da prática científica"[15].

A história do pensamento geográfico na geografia agrária também foi fortemente influenciada pelo historicismo. O excelente capítulo "Metodologia da geografia agrária", do livro *Geografia agrária do Brasil*, de Orlando Valverde, é talvez uma espécie de marco histórico na história da geografia agrária do Brasil. Valverde, a nosso juízo, quando escreveu este livro, vivia a contradição intelectual daquela época, entre uma visão historicista da geografia enquanto ciência e a sua firme posição política de compromisso com a transformação da sociedade:

> No decorrer da década de 1950, entretanto, os debates sobre a questão agrária brasileira, que se mantinha como bandeira de lutas e reivindicações das esquerdas, alcançaram o Congresso Nacional e a praça pública. Urgia dar ao problema seu equacionamento científico e sem paixão. Aquilo que fora um compromisso moral com o meu mestre (Léo Waibel), passou a sê-lo com o povo brasileiro.[16]

Cabe também mencionarmos o avanço da fenomenologia no pensamento geográfico. Talvez essas duas correntes, neo-historicismo e fenomenologia, estejam se constituindo na base do maior número de trabalhos em desenvolvimento na geografia atualmente. Pesquisas sobre percepção e modo de vida das populações do campo estão se tornando prática usual na geografia agrária.

A dialética, por sua vez, como corrente filosófica da geografia, a meu ver, constitui uma espécie de raiz, propositadamente esquecida, do pensamento geográfico. Nascida das obras de Elisée Reclus e Piotr Alekseievitch Kropotkin, permaneceu praticamente no interior do movimento anarquista do século XIX e início do século XX. Contemporâneos de Karl Marx discutiram, profundamente, as concepções de Hegel sobre a dialética e a transformação da sociedade capitalista. Esse debate foi retomado depois, no final da década de 30 e início da década de 40, por um grupo de geógrafos franceses (Pierre George[17], Yves Lacoste[18], Raymond Guglielmo[19], Bernand Kayser[20], Jean Dresch[21], Jean Tricart[22], entre outros). Muitas vezes, a influência historicista mesclava também os trabalhos dessa corrente, como é o caso de trabalhos de Pierre George[23].

Trazida pela influência do pensamento marxista, a dialética como corrente de pensamento da geografia agrária está na base de um conjunto de trabalhos de Orlando Valverde[24], Manuel Correia de Andrade[25], Pasquale Petrone[26], Léa Goldenstein[27], Manuel Seabra[28], entre outros. Essa influência tem sido marcada por princípios que sustentam esta escola de pensamento. Pode-se destacar entre os mesmos o condicionamento histórico e social do pensamento, portanto o seu caráter ideológico de classe. Com o marxismo, começa a batalha pelo desmascaramento do discurso pretensamente neutro e objetivo presente no positivismo e no empirismo lógico, e mesmo no historicismo.

Para Karl Marx,

> é na produção social da própria vida que os homens contraem relações determinadas, necessárias e independentes de sua vontade, relações de produção estas que correspondem a uma etapa determinada de desenvolvimento das suas forças produtivas materiais. A totalidade dessas relações de produção forma a estrutura econômica da sociedade, a base real sobre a qual se levanta uma superestrutura jurídica e política, e à qual correspondem formas sociais determinadas de consciência. O modo de produção da vida material condiciona o processo em geral da vida social, política e espiritual. Não é a consciência dos homens que determina o seu ser, mas, ao contrário, é o seu ser social que determina a sua consciência... Assim, como não se julga o que um indivíduo é a

partir do julgamento que ele faz de si mesmo, da mesma maneira não se pode julgar uma época de transformação a partir de sua própria consciência; ao contrário, é preciso explicar esta consciência a partir das contradições da vida material, a partir do conflito existente entre as forças produtivas sociais e as relações de produção.[29]

Marx deixou explicitada a demarcação de seu método:

> Por sua fundamentação, meu método dialético não só difere do hegeliano, mas é também a sua antítese direta. Para Hegel, o processo de pensamento, que ele, sob o nome de ideia, transforma num sujeito autônomo, é o demiurgo do real, real que constitui apenas a sua manifestação externa. Para mim, pelo contrário, o ideal não é nada mais que o material, transposto e traduzido na cabeça do homem.[30]

Na história do marxismo, entretanto, diferentes autores não escaparam imunes à influência positivista, historicista ou mesmo racionalista, e diferentes vertentes de pensamento foram gestadas em seu interior. De um lado, desenvolveu-se um marxismo positivista, de outro, um historicista. É óbvio que a geografia e a geografia agrária foram influenciadas por essas concepções. De uma forma sintética, as divergências, embora já tivessem sido colocadas[31], precisam ser agora retomadas.

O estudo da agricultura brasileira tem sido feito por muitos autores que expressam diferentes vertentes do pensamento marxista. Alguns autores defendem o ponto de vista de que no Brasil houve feudalismo, ou mesmo relações semifeudais de produção. Por isso, eles advogam a seguinte tese: para que o campo se desenvolva seria preciso acabar com essas relações feudais ou semifeudais e ampliar o trabalho assalariado no campo. Para esses autores, a luta dos camponeses contra os latifundiários exprimiria o avanço da sociedade na extinção do feudalismo. Portanto, a luta pela reforma agrária seria um instrumento que faria avançar o capitalismo no campo. Esses autores costumam afirmar inclusive que o capitalismo está penetrando no campo. Entre os principais estudiosos que seguem essa concepção estão Maurice Dobb[32], Nelson Werneck Sodré[33], Alberto Passos Guimarães[34], Inácio Rangel[35] etc. O livro *Estudos de geografia agrária brasileira*, de Orlando Valverde[36], apresenta esta interpretação, que também está presente nas teses de doutoramento de Miguel Gimenez Benites[37] *Brasil central pecuário: interesses e conflitos* e na dissertação de mestrado de Maria Aparecida Serapião Teixeira[38]: "A diversidade e diversidade dos produtores de leite: de pecuaristas-mercantis a proletários ou a empresários", defendidas aqui na Geografia da USP.

Outra vertente entende que o campo brasileiro já está se desenvolvendo do ponto de vista capitalista e que os camponeses inevitavelmente irão desaparecer, pois eles seriam uma espécie de "resíduo" social que o progresso capitalista extinguiria. Ou seja, os camponeses ao tentar produzir para o mercado acabariam indo à falência e perdendo suas terras para os bancos ou mesmo teriam que vendê-las para saldar as dívidas. Com isso, os camponeses tornar-se-iam proletários. Entre os principais pensadores dessa corrente estão Karl Kautsky[39], Vladimir I. Lenin[40], Léo Huberman[41], Paul Sweezy[42], Caio Prado Jr.[43], Maria Conceição D'incao e Mello[44], José Graziano da Silva[45], Ricardo Abramovay[46] etc. A maior parte dos trabalhos em geografia agrária têm por base essa concepção. São exemplos dessa corrente a maioria dos artigos publicados nos anais dos encontros de geografia agrária e a maior parte das teses e dissertações defendidas na Geografia da Unesp-Rio Claro - SP e na UFRJ do Rio de Janeiro. Mas, talvez, pelo seu caráter emblemático, o trabalho de Ruy Moreira[47]. "O desenvolvimento do capitalismo e o lugar do campo no processo", publicado na revista *Terra Livre* nº 1, seja um dos melhores exemplos dessa corrente na geografia agrária.

Assim, para essas duas vertentes, na sociedade capitalista avançada não há lugar histórico para os camponeses no futuro. Isso porque a sociedade capitalista é pensada por estes autores como sendo composta por apenas duas classes sociais: a burguesia (os capitalistas) e o proletariado (os trabalhadores assalariados). É por isso que muitos autores e mesmo partidos políticos não assumem a defesa dos camponeses. Alguns acham mesmo que os camponeses são reacionários, que "sempre ficam do lado dos latifundiários" etc. Se isso realmente ocorre, é preciso compreender o que está acontecendo com essa classe social. Certamente, os camponeses, não têm encontrado respaldo político nesses partidos; aliás eles "*não fazem parte da sociedade*", para esses autores e partidos.

Penso que esses autores "esqueceram" uma frase escrita por Karl Marx em *O capital*:

> Os proprietários de mera força de trabalho, os proprietários de capital e os proprietários de terra, cujas respectivas fontes de rendimentos são o salário, o lucro e a renda fundiária, portanto, assalariados, capitalistas e proprietários de terra, constituem as três grandes classes da sociedade moderna, que se baseia no modo de produção capitalista.[48]

Portanto, a compreensão do papel e do lugar dos camponeses na sociedade capitalista e no Brasil, em particular, é *fundamental*. Ou entende-se a questão no interior do processo de desenvolvimento do capitalismo no campo, ou então continuar-se-á a ver muitos autores afirmarem que os camponeses estão desaparecendo; entretanto, os camponeses continuam lutando para conquistar o acesso às terras em muitas partes do Brasil. Um bom exemplo para esclarecer esta questão é o aumento do número de posseiros no Brasil. Em 1960, existiam 356.502 estabelecimentos agropecuários controlados por posseiros. Já em 1985, eles passaram para 1.054.542 estabelecimentos. Exatamente nesse período de grande desenvolvimento do capitalismo (sobretudo industrial) ocorreu no Brasil um aumento de mais de 196% dos estabelecimentos ocupados por posseiros. Se as teses da extinção do campesinato, de fato, tivessem capacidade explicativa, esses posseiros deveriam ter se tornado proletários. Mas não foi isso o que ocorreu. *Os camponeses, em vez de se proletarizarem, passaram a lutar para continuarem sendo camponeses*. Logo, são as teses sobre a compreensão do desenvolvimento do capitalismo no campo, seguidas por esses autores que possivelmente, não têm capacidade explicativa. Na realidade, o que ocorre é que esses autores têm uma *concepção teórica* que deriva de uma *concepção política* de transformação da sociedade capitalista. Partem do pressuposto de que a chegada ao socialismo só seria possível se a sociedade capitalista tivesse apenas duas classes sociais antagônicas: o proletariado e a burguesia. É esta concepção que esses autores e partidos políticos têm procurado impor às lideranças dos movimentos sociais a qualquer preço. Com isso causam mais confusão do que esclarecem essas lideranças, pois em vez de explicar o que está realmente acontecendo no campo, passam apenas *uma visão teórica* do que "*acham*" que está ocorrendo.

Dessa forma, para mim, que faço parte de uma outra concepção teórica de compreensão do desenvolvimento do capitalismo no campo, o que ocorre na agricultura brasileira é um processo diferente. O estudo da agricultura brasileira deve ser feito levando-se em conta que o processo de desenvolvimento do modo capitalista de produção no território brasileiro é contraditório e combinado. Isso quer dizer que, ao mesmo tempo que esse desenvolvimento avança reproduzindo relações especificamente capitalistas (implantando o trabalho assalariado pela presença no campo do boia-fria), ele (o capitalismo) produz também, igual e contraditoriamente, relações camponesas de produção (pela presença e aumento do trabalho familiar no campo). Entre os mais importantes pensadores dessa corrente estão Rosa de Luxemburg[49], Teodor Shanin[50], Samir Amin e Kostas Vergopoulos[51] e, no Brasil, José de Souza Martins[52], Margarida Maria Moura[53], José Vicente Tavares da Silva[54] etc. Na geografia agrária, seguindo esta concepção, há os trabalhos de Regina Sader[55], Iraci Palheta, Rosa Ester Rossini, os meus próprios, e as dissertações e teses de grande parte de nossos orientandos.

Em vários trabalhos analisei esta questão[56]. Aliás, foi no Terceiro Encontro Nacional de Geografia Agrária, realizado em Itatiaia, no Rio de Janeiro, em 1980, que pela primeira vez defendi na geografia esta posição.[57] Mas foi no livro *Agricultura camponesa no Brasil* que o tema foi tratado de forma mais analítica.[58] Assim, é pela compreensão desta lógica contraditória que procuro entender as transformações que estão ocorrendo na agricultura brasileira neste final do século XX.

A LÓGICA DA CONSTRUÇÃO DO TERRITÓRIO

A análise da agricultura, especificamente a brasileira, neste final de século e milênio deve ser feita, portanto, no bojo da compreensão dos processos de desenvolvimento do modo capitalista de produção mundial. Esse procedimento passa necessariamente pelo entendimento de desenvolvimento como sendo contraditório e combinado, ou seja, ao mesmo tempo que segue reproduzindo relações especificamente capitalistas mais avançadas, produz também, igual e contraditoriamente, relações não capitalistas de produção e de trabalho, como as relações camponesas de produção, a peonagem etc.; todas necessárias à sua lógica de desenvolvimento.

Esses processos contraditórios produzem e se reproduzem em diferentes partes do mundo atual, criando dessa forma processos e relações de interdependência entre estados, nações e sobretudo empresas de diferentes lugares do globo. Essa nova realidade abre a possibilidade para o debate travado na geografia referente a temas como globalização, fragmentação, lugar, formação socioespacial, mundo etc.

Meus trabalhos refletem essa corrente que tem no estudo do *território* o tema central da investigação em geografia. Sigo autores com Lefebvre[59], Calabi e Endovina[60], Raffestin[61], Gottdiner[62], Coraggio[63], Quaini[64], Chesnais[65] e Lacoste[66] entre outros. Parto da concepção de que o *território* deve ser apreendido como síntese contraditória, como totalidade concreta do processo/modo de produção/distribuição/circulação/consumo e suas articulações e mediações supraestruturais (políticas, ideológicas, simbólicas etc.) em que o Estado desempenha a função de regulação. O *território* é assim produto concreto da luta de classes travada pela sociedade no processo de produção de sua existência. Sociedade capitalista que está assentada em três classes sociais fundamentais: proletariado, burguesia e proprietários de terra.

Dessa forma, são as relações sociais de produção e o processo contínuo/contraditório de desenvolvimento das forças produtivas que dão a configuração histórica específica ao território. Logo o território não é um *prius* ou um *a priori*, mas a contínua luta da sociedade pela socialização igualmente contínua da natureza.

O processo de construção do território é simultaneamente construção/destruição/manutenção/transformação. Em síntese, é a unidade dialética, portanto contraditória, da espacialidade que a sociedade tem e desenvolve. Logo, a construção do território é contraditoriamente o desenvolvimento desigual, simultâneo e combinado, o que quer dizer: valorização, produção e reprodução.

O processo de valorização é assim compreendido como fruto do processo de transformação pelo qual a produção e a reprodução passam. Isso significa que, sob o modo capitalista de produção, a valorização é produto do trabalho humano nas suas diferentes mediações sociais, a produção é produto contraditório de constituição do capital e a reprodução é produto do processo de reprodução ampliada do capital.

A lógica do desenvolvimento do modo capitalista de produção é gerada pelo processo de produção propriamente dito (reprodução ampliada/extração da mais-valia/produção do capital/extração da renda da terra), circulação, valorização do capital e reprodução da força de trabalho. É essa lógica contraditória que constrói/destrói *formações territoriais* em diferentes partes do mundo ou faz com que frações de uma mesma *formação territorial* conheçam processos desiguais de valorização, produção e reprodução do capital, conformando as *regiões*. Trabalhamos com o princípio contraditório de que ao mesmo tempo que o capital mundializou-se, mundializando o território capitalista, a terra nacionalizou-se. A partir desta contradição nasce a possibilidade histórica do entendimento das diferentes formações territoriais e das regiões como territorialidades concretas, portanto totalidades históricas, da espacialização contraditória do capital (produção/reprodução ampliada) e suas articulações com a propriedade fundiária, ou seja, a terra. Volto a insistir que o capital, em sua essência, é internacional, porém a lógica que envolve a terra é essencialmente nacional.

Na formação territorial capitalista do Brasil esses processos contraditórios produzem/geram movimentos de concentração da população, primeiro nas regiões metropolitanas, depois nas capitais regionais e em geral nas cidades. Há muito a população urbana brasileira superou a rural. Formou-se, pois, o *locus* da concentração do capital e da força de trabalho, as grandes regiões industriais. Não custa lembrar que, no seu seio, a escassez dos serviços e o acesso a eles geraram o processo de verticalização nas metrópoles e com ele a possibilidade histórica da realização da renda da terra de monopólio nas cidades.

No campo esse processo está igualmente marcado pela industrialização agrícola, ou seja, pelo desenvolvimento da agricultura capitalista que abriu a possibilidade histórica aos proprietários de terra ou aos capitalistas/proprietários de terra para a apropriação da renda capitalista da terra na sua forma diferencial e/ou absoluta. Está marcado, pois, pelo processo de territorialização do capital, sobretudo dos monopólios.

Entretanto, esse processo no campo também está marcado contraditoriamente pela expansão da agricultura camponesa, cujo capital monopolista desenvolveu liames para subordinar/apropriar-se da renda da terra camponesa, transformando-a em capital. Aqui o capital não se territorializa, mas monopoliza o território marcado pela produção camponesa.

AS CARACTERÍSTICAS FUNDAMENTAIS DA AGRICULTURA BRASILEIRA[67]

Assim, é por essa lógica contraditória que, corno geógrafo, procurarei entender a agricultura brasileira neste final de século. Essa compreensão passa por um conjunto de características que enumeraremos a seguir.

A industrialização da agricultura

A industrialização da agricultura brasileira vem sendo feita no interior do processo de *internacionalização da economia brasileira*, ou seja, a lógica contraditória do desenvolvimento capitalista na agricultura se fez e se faz no seio de um capitalismo mundializado. Portanto, está relacionado, por exemplo, com o mecanismo da dívida externa. Por intermédio desse mecanismo, diferentes governos brasileiros têm tomado dinheiro emprestado no mercado financeiro internacional, com a finalidade de ampliar a sua produção, particularmente no setor industrial. Para pagar a dívida o país tem que exportar, isto é, tem que se sujeitar a vender seus produtos pelos preços internacionais.

É por isso que, nas últimas décadas, tem ocorrido no Brasil uma rápida expansão das culturas de produtos agrícolas para a exportação (café, cana-de-açúcar, soja, laranja etc.), quase sempre em detrimento daqueles produtos alimentícios destinados ao mercado interno (arroz, feijão, mandioca etc.), produtos esses que deveriam servir ao consumo da população brasileira.

O processo de internacionalização da economia brasileira tem revelado, então, que o desenvolvimento do capitalismo na agricultura em nossos dias está marcado, sobretudo, pela sua industrialização. Essa industrialização deve ser entendida como o processo de introdução do *modo industrial de produzir* no campo, desencadeando um inter-relacionamento intenso entre a indústria e a agricultura.

O capital monopolista industrial aprofunda sua relação com a agricultura

Em razão do aprofundamento do processo de articulação entre a indústria e a agricultura, muitos autores têm interpretado as transformações ocorridas na agricultura como ditadas *exclusivamente* pela indústria. É verdade que existe uma forte articulação entre a indústria e a agricultura, como é verdade também que ocorre a expansão do trabalho assalariado no campo, mas não é verdade que o domínio absoluto do modo industrial de produzir se verifique juntamente com a expansão total do trabalho assalariado no campo. *É fundamental explicar que o capital não transforma de uma só vez todas as formas de produção em produção ditadas pelo lucro capitalista. O desenvolvimento do capitalismo se faz de forma desigual e contraditória.*

Mesmo assim, muitos autores afirmam que o campo brasileiro está totalmente marcado pela modernização da agricultura e que, inclusive, o consumo de tratores, máquinas e insumos agrícolas é a expressão material dessa modernização. Os dados estatísticos referentes ao consumo de fertilizantes, segundo o Censo Agropecuário do Brasil (IBGE), mostram uma realidade diferente, pois *apenas 18,6% dos estabelecimentos agropecuários, em 1970, consumiram fertilizantes químicos e orgânicos; em 1975 esse percentual subiu para 22,3%; em 1980 elevou-se para 32,1%; mas em 1985 passou para 30%*. Observando os dados referentes ao consumo dos fertilizantes químicos, oriundos do setor industrial, verificamos que ele atingiu um número ainda menor de estabelecimentos: *apenas 24,9% em 1985*. Assim, a realidade brasileira revela que, em 1985, 70% dos estabelecimentos agropecuários não utilizavam nenhum tipo de fertilizante.

Cabe salientar também que se tomarmos a realidade do estado de São Paulo para avaliar esses dados de consumo de fertilizantes verificaremos que eles foram mais acentuados: 48% dos estabelecimentos do estado em 1970 consumiram fertilizantes. Já em 1975 foram 62%, em 1980 chegou-se a 78% e a 73% em 1985. Essa distribuição se torna ainda mais desigual se compararmos a realidade de cada cultura em particular. No estado de São Paulo, em 1985, enquanto 88% dos estabelecimentos produtores de café adubaram suas plantações, apenas 32% dos estabelecimentos produtores de banana o fizeram. Já entre os estabelecimentos produtores de algodão, 86% utilizaram fertilizantes; entre os produtores de batata-inglesa foram 90% e chegou-se a 98% entre os produtores de soja em grão. Entretanto, tivemos apenas 58% dos estabelecimentos produtores de amendoim e arroz utilizando adubos químicos, em 1985, ante 69% dos produtores de milho.

Dessa forma, é preciso explicar toda esta diversidade referente ao consumo de fertilizantes pelos estabelecimentos agropecuários do país, pois a chamada modernização da agricultura não está generalizada por todo o campo brasileiro. O mesmo ocorre quando analisamos o número de tratores nos estabelecimentos agropecuários. Segundo o Censo Agropecuário de 1985, tínhamos em São Paulo a presença de tratores em 33% dos estabelecimentos. No Brasil em geral havia, naquele ano, em apenas 7% dos estabelecimentos, algum tipo de trator. A distribuição por faixa de área para o país ainda é mais discrepante, pois apresentava na faixa dos estabelecimentos com menos de 10 ha: 1 trator para cada 77 estabelecimentos; nas de 10 a 100 ha: 1 trator para cada 8 estabelecimentos; de 100 a 1.000 ha: 1 trator para cada 2 estabelecimentos; e apenas nos estabelecimentos de mais de 1.000 ha é que havia 2 tratores por estabelecimento. Quanto ao caso paulista, os dados expressavam outra particularidade, pois na faixa de menos de 10 ha tínhamos 1 trator para cada 8 estabelecimentos; de 10 a 100 ha: 1 por 2; de 100 a 1.000 ha: 2 tratores por 3 estabelecimentos e *nos estabelecimentos com mais de 1.000 ha havia 6 tratores por estabelecimento.*

Esses dados não revelam a generalização sumária do progresso técnico por todo o campo, mas, sim, a sua concentração, quer espacial, quer setorial. Como podemos observar, então, a concentração da propriedade da terra no fundo se reflete na estrutura do consumo produtivo, e os dados médios do país estão longe de indicar disseminação generalizada desse consumo de bens produtivos.

Financiamentos obtidos pela agricultura são desiguais

Vários autores procuram sempre colocar na relação entre os agricultores e o sistema financeiro a razão fundamental do processo de expropriação no campo. Esse fato seguramente aparece no campo brasileiro, mas está longe de ser a razão básica da expropriação, porque o número de estabelecimentos que conseguem financiamentos agrícolas no Brasil é pequeno. Em 1970, apenas 11,5% (567.598) dos estabelecimentos tiveram acesso aos financiamentos agrícolas; já em 1980 esse percentual subiu para 21% (1.058.058) e em 1985 caiu para 12,6% (734.351). Portanto, é preciso chamar a atenção para o fato de que em 1985 mais de 5 milhões de estabelecimentos, ou seja, mais de 87%, não utilizaram financiamentos agrícolas.

Outra característica do acesso aos financiamentos agrícolas pelos estabelecimentos agropecuários no Brasil está relacionada à sua concentração em determinados grupos de área. Quando analisamos os dados referentes ao ano de 1985, a obtenção desse crédito estava dirigido socialmente, pois 3% do total chegou aos estabelecimentos com menos de 10 ha; 28%, aos de 10 a 100 ha, e os restantes 72% foram destinados às propriedades de mais de 1.000 ha.

Em síntese, a realidade sobre os financiamentos agrícolas foi a seguinte em 1985: 24,2% dos estabelecimentos que receberam financiamentos tinham menos de 10 ha e ficaram com 3,5% dos financiamentos, enquanto os estabelecimentos com mais de 1.000 ha, que eram 1,5%, ficaram com 27,1% dos financiamentos. Isso faz com que tenhamos uma relação financiamento/estabelecimento que expressa a seguinte realidade: no Brasil a maior parte dos financiamentos agrícolas tem ficado com médios e grandes estabelecimentos agropecuários.

A produção não capitalista do capital

Na agricultura, o capital ora controla a circulação subordinando a produção, ora se instala na produção subordinando a circulação. Aliás, uma engendra a outra. Como consequência desse movimento contraditório, temos o monopólio do capital ora na produção, ora na circulação. Esse processo contraditório de desenvolvimento da agricultura ocorre nas formas articuladas pelos próprios capitalistas, que se utilizam de relações de trabalho familiares para não terem que investir, na contratação de mão de obra assalariada, uma parte do seu capital. Ao mesmo tempo, utilizando-se dessa relação sem remunerá-la, recebem uma parte do fruto do trabalho dos camponeses proprietários, parceiros, rendeiros ou posseiros, convertendo-o em mercadoria e, ao vendê-la, convertem-na em dinheiro. Assim, transformam, realizam a metamorfose da renda da terra em capital. Esse processo nada mais é do que o processo de produção do capital, que se faz por meio de relações não capitalistas.

Portanto, o capital não expande de forma absoluta o trabalho assalariado, sua relação de trabalho típica, por todo canto e lugar, destruindo de forma total e absoluta o trabalho familiar camponês. Ao contrário, ele (o capital) cria, recria o trabalho familiar camponês para que a produção do capital seja possível e, com ela, a acumulação possa aumentar. Assim, esse processo contraditório de desenvolvimento do capitalismo no campo gera ao mesmo tempo a expansão do trabalho assalariado nas grandes e médias propriedades e o trabalho familiar camponês nas pequenas propriedades ou estabelecimentos.

A expansão das relações de produção e de trabalho camponesas

Uma das características fundamentais da estrutura agrária brasileira é a expansão das *relações não capitalistas de produção*, principalmente a *camponesa*, neste século, em praticamente todo o país. Como sabemos, esse processo tem suas raízes históricas. O avanço da industrialização e o crescimento urbano abriram possibilidades históricas para o estabelecimento do trabalho assalariado, capitalista, no campo, oferecendo também as possibilidades concretas para a criação e recriação do trabalho familiar camponês.

Essa realidade pode ser analisada por meio de dados referentes ao número de estabelecimentos segundo a condição do produtor. *Entre 1970 e 1985, ocorreu o aumento do número absoluto de posseiros de 811.367 para 1.054.542, crescendo mais de 30%. Deu-se também a ampliação do seu percentual de participação de 16% para 30%, em termos globais, no Brasil.* Os parceiros conheceram um crescimento menor que os posseiros. Os estabelecimentos controlados por parceiros cresceram, entre 1970 e 1985, em termos absolutos cerca de 20%, passando de 380.191 para 455.813.

É conveniente salientar que esse crescimento não se deu apenas nas regiões de fronteira (Amazônia), pois a maior parte dos posseiros está localizada nas regiões Nordeste (61%), Sudeste (8%) e Sul (10%), enquanto a região Norte ficou com 18% deles. Nessas regiões de ocupação mais antiga, eles têm apresentado um crescimento significativo, como é o exemplo da região Nordeste, onde o número de posseiros cresceu cerca de 36% entre 1970 e 1985.

O que a realidade dos dados pode revelar de mais profundo é que nem sempre o processo de expropriação da terra atua em termos absolutos no campo. Ou seja: *o aumento dos posseiros revela que uma parte do campesinato expropriado recusa a proletarização e procura garantir, na posse da terra reconquistada, o espaço para a continuidade do trabalho camponês, familiar*. Seu crescimento também revela que *cerca de um quinto dos produtores no campo está em luta aberta pela garantia de posse da terra como meio de produção necessário e fundamental ao trabalho familiar camponês.*

A distribuição territorial desigual nas relações de produção

Logo de início, é importante ressaltar também que esse processo no país é produto de seu desenvolvimento territorial desigual e pode ser observado pelos dados referentes às várias regiões brasileiras. A região Sul, por exemplo, conheceu no período 1970-85 o declínio de todos os tipos de produtores (o total caiu 6%; os proprietários, menos 6%; os arrendatários, menos 17%; os parceiros, menos 28%, e os posseiros, menos 2%). Isso significa dizer de forma clara e inequívoca que, nesse período, em termos gerais nessa região, o processo de expropriação foi praticamente absoluto, não só eliminando a possibilidade do trabalho camponês, como atuando no sentido de concentrar ainda mais a terra. Mas se for feita a análise das realidades específicas dos estados que compõem a região Sul, ver-se-á que o estado de Santa Catarina conheceu o processo inverso, ou seja, lá aumentaram as formas camponesas de produção.

Já a região Sudeste, que concentra a maior parte da industrialização do país, no período de 1970-80 havia conhecido realidade semelhante àquela da região Sul, com o decréscimo de todos os tipos de produtores (o total diminuiu 4%; os proprietários 2%; os arrendatários 23%; os parceiros 14%; e os posseiros 6%). No entanto, no período de 1980-85, essa região conheceu outra vez o aumento total dos produtores em 7%, dos proprietários em 10% e dos posseiros em 23%, continuando apenas o declínio dos arrendatários em menos 26% e dos parceiros em menos 5%.

Igualmente contrastante é a realidade da região Nordeste, que conheceu no período de 1970-85 um crescimento de 39% do número de posseiros e de 100% do número de parceiros, que, em termos gerais no Brasil, apresentam decréscimo nesse período.

Já a região Centro-Oeste destoa do conjunto no que se refere aos posseiros. Nessa região, onde a concentração da terra é a mais violenta no país, o número de posseiros diminuiu no período de 1970-85 em 16%. Ao contrário do que ocorreu na região Centro-Oeste, a região Norte apresentou um crescimento de 48% do número de posseiros entre 1970-85, e é nessa região que os posseiros alcançam o maior percentual na participação total, pois representam 48%, quase a metade dos produtores rurais locais.

Assim, a realidade mostra que nas regiões predominantemente ocupadas pelos camponeses não é necessariamente o processo de expropriação direta pelo capital que comanda e determina o processo, expropriando a terra campesina, mas, sim, o capital, que talvez mais sabiamente expropria as possibilidades de os filhos dos camponeses poderem também ter terra para continuar camponeses. É por isso que, na maioria dos casos, são os filhos dos camponeses que se proletarizam. A proletarização não precisa atingir diretamente toda a família camponesa, mas seguramente a maior parte dela, seus filhos. Essa distinção dos processos atuantes é fundamental para o entendimento do processo geral que o país conhece.

O crescimento contraditório do trabalho familiar e do trabalho assalariado

Assiste-se hoje, no Brasil, simultaneamente, o aumento do trabalho assalariado e do trabalho familiar no campo. Contraditoriamente, são as duas faces estruturais do campo no país, pois nele se encontra não só o aumento, como também o predomínio quase que absoluto do trabalho assalariado (permanente ou temporário) nos estabelecimentos agrícolas com mais de 1.000 ha. Inversamente a esse processo, tem-se o aumento e o predomínio do trabalho familiar camponês nos estabelecimentos com área inferior a 100 ha.

Os dados dos Censos Agropecuários de 1970, 1975, 1980 e 1985 revelaram de forma clara esse desenvolvimento contraditório. Em termos globais, em 1970 o número total do pessoal ocupado no campo de origem familiar representava cerca de 15 milhões de pessoas, ou seja, 85% dos trabalhadores no campo. Em 1975, esse contingente subiu para 17 milhões ou 84% do total. Já em 1980, ocorreu uma queda em números absolutos, passando para pouco mais de 16 milhões, o que representava, portanto, 77% do total. Mesmo assim, em 1985, esse contingente voltou a aumentar em termos absolutos, alcançando cerca de 18,5 milhões, ou seja, 78,5% do total.

Já a realidade dos dados referentes ao trabalho assalariado apresenta um quadro um pouco diferente. Em 1970, o contingente de trabalhadores assalariados no campo era de 2,7 milhões de pessoas, ou 15% do total. Em 1975, subiu para 3,2 milhões de trabalhadores, ou 16% do total. Em 1980, esses trabalhadores representavam 5 milhões, ou 23% do total. Em 1985, porém, este contingente não apresentou crescimento, continuando a somar 5 milhões de trabalhadores, o que equivale a dizer que sua participação percentual baixou para 21,5% do total.

Quanto à participação do trabalho familiar e assalariado nos estabelecimentos por estratos de área, tínhamos, em 1985, a presença significativa de 88% de trabalho familiar nos estabelecimentos com menos de 100 ha, ante 12% de trabalho assalariado. Enquanto isso, nos estabelecimentos com mais de 1.000 ha, o trabalho assalariado é dominante, respondendo por 80% do pessoal ocupado.

Esses dados mostram, de forma clara, o caráter contraditório do desenvolvimento do capitalismo no campo brasileiro. Mesmo se tomarmos os dados das regiões ou estados, a situação estruturalmente não muda de forma tão significativa. Em 1985, a região Sudeste tinha 63% de trabalhadores de origem familiar e 37% assalariados, enquanto no Estado de São Paulo o trabalho familiar participava com 52% e o trabalho assalariado com 48% do total do pessoal ocupado no campo. Já o Estado do Rio Grande do Sul apresentou uma participação do trabalho assalariado de apenas 13%, predominando, pois, o trabalho familiar de forma quase que absoluta, com 87%. Se observarmos os dados relativos aos estabelecimentos que *não apresentavam trabalhadores contratados*, em 1985, verificamos que somam mais de 80%. Já entre os estabelecimentos com menos de 100 ha, a concentração do trabalho familiar tem se mantido, quase de forma absoluta, em cerca de 95% dos estabelecimentos agropecuários do país. Nem mesmo a expansão do uso do serviço de empreitada pode ser utilizada para explicar a presença e o aumento do trabalho assalariado no campo, pois, em 1985, apenas 14% do total dos estabelecimentos utilizava essa forma de contratação do trabalho assalariado.

Dessa maneira, devemos entender que o desenvolvimento do capitalismo no Brasil está marcado, contraditoriamente, por esse processo desigual que, ao mesmo tempo que amplia o trabalho assalariado no campo, aumenta, igual e contraditoriamente, o domínio do trabalho familiar camponês. Esse processo tem aberto, para estas duas formas de produzir no campo, espaços distintos de predomínio, o familiar, nas pequenas unidades camponesas, e o assalariado, nas médias e grandes unidades capitalistas.

O crescimento dos latifúndios e das unidades camponesas

O traço essencial da estrutura fundiária brasileira é o caráter concentrador da terra e, contraditoriamente, o crescimento/formação do campesinato brasileiro. Essa concentração nas duas pontas do processo está expressa nos dados referentes à distribuição da terra no Brasil entre 1950 e 1985.

Quanto ao número de estabelecimentos, ocorreu no período um crescimento expressivo daqueles que possuem área inferior a 100 ha, passando de 1.629.995 para 5.225.162 estabelecimentos. Particularmente aqueles com menos de 10 ha apresentaram nesse conjunto o crescimento maior, pois passaram de 654.557 para 3.064.822 estabelecimentos. Esse processo de crescimento mostra de forma clara *o crescimento do campesinato no Brasil e não o seu "desaparecimento"*. Uma das características do campesinato brasileiro, salienta José de Souza Martins[68], é que *ele quer e luta para entrar na terra*. Não se trata, portanto, *de um campesinato que não quer sair da terra*, como na transição europeia do feudalismo para o capitalismo. *Trata-se de um campesinato que não esgotou a sua possibilidade histórica de formação/recriação.*

A análise dos dados sobre a área ocupada pelos estabelecimentos agropecuários revela, ao contrário da anterior, um pequeno crescimento da área ocupada pelos estabelecimentos com menos de 100 ha, que passou de pouco mais de 36 milhões de hectares para perto de 80 milhões. Enquanto isso, aqueles estabelecimentos com área inferior a 10 ha passaram de 2.893.439 ha para 9.986.637 ha. Já a área ocupada pelos estabelecimentos com mais de 1.000 ha (50.000 em número) passou de 95 milhões de hectares para mais de 164 milhões. Ao contrário também do que ocorreu com o crescimento desigual do número de estabelecimentos, o período entre 1970, 1975 e 1980 apresentou um crescimento significativo da área ocupada pelos estabelecimentos com mais de 1.000 ha, quando incorporaram mais de 50 milhões de hectares de terras aos seus latifúndios. Dessa forma, assiste-se no Brasil, simultaneamente, ao crescimento da área dos latifúndios e ao crescimento das unidades camponesas.

Os dados sobre o quadro geral da distribuição da terra no Brasil, no ano de 1985, são a expressão desta estrutura fundiária concentrada, pois, *enquanto 90% dos estabelecimentos (mais de 5 milhões) com menos de 100 ha dispunham de apenas 21,1% da área ocupada, 1% dos estabelecimentos (cerca de 50 mil) com mais de 1.000 ha controlavam 43,9% da área ocupada.* Aliás, esse aspecto concentrador da terra pode ser verificado também quando se comparam os 164 milhões de hectares controlados pelos latifundiários com estabelecimentos de mais de 1.000 ha, com o total da área ocupada pelos estabelecimentos de menos de 10 ha, ou seja, apenas 10 milhões de hectares. Nesse caso, são 3 milhões de pequenos camponeses dividindo 10 milhões de hectares de terra, enquanto 50 mil latifundiários dividem 164 milhões de hectares.

Segundo o Incra, entre os maiores latifundiários registrados naquele órgão estão: *Manasa-Madeireira Nacional S/A, com mais de 4,1 milhões de hectares; Jari – Florestal e Agropecuária Ltda., com mais de 2,9 milhões de hectares; APLUB – Agroflorestal da Amazônia, com mais de 2,1 milhões de hectares; Cia. Florestal Monte Dourado (também da Jari), com mais 1,6 milhão de hectares* etc. No total, o quadro referente aos vinte e cinco maiores latifúndios do Brasil permite tirar duas conclusões. A primeira é que a maioria absoluta desses superlatifúndios está na Amazônia. A segunda, que eles ocupam uma área quase igual àquela ocupada pelo estado de

São Paulo. *Assim, o que se assistiu nas últimas décadas do século xx foi à formação, na Amazônia brasileira, dos maiores latifúndios que a história da humanidade já registrou em todos os tempos.* É conveniente ressaltar que não se trata de um traço "feudal" da estrutura fundiária brasileira, pois entre esses latifundiários estão os grandes grupos empresariais do Centro-Sul do país. O que essa realidade revela é o caráter rentista do capitalismo que se desenvolve no Brasil.

O caráter rentista da terra e o uso do solo

Como já foi apontado anteriormente, a produção agropecuária no Brasil contém as contradições inerentes à lógica do desenvolvimento capitalista no país. Esse processo geral, marcado pela concentração de terra nos latifúndios e pela expansão da unidade camponesa, aparece sobretudo mascarado pelos diferentes usos a que a terra está submetida. Um exemplo expressivo da maquiagem do processo de concentração da terra está na distribuição do uso do solo pelas atividades agropecuárias. Os dados referentes ao uso da terra, segundo os grupos de área, demonstram que ao se comparar a realidade do campo, entre 1940 e 1985, verifica-se que, em termos globais, o Brasil tem mais de 45% de suas terras ocupadas por pastagens, que têm sido a forma de uso mais comum para "esconder" a *terra mercadoria* – reserva de valor – à espera da especulação imobiliária.

Essa evidência é tanto mais acentuada quando se tomam os estabelecimentos com menos de 10 ha, que, inversamente aos grandes estabelecimentos, têm visto aumentar a percentagem da área destinada às lavouras (cerca de 70% em 1985), ante apenas 16% da superfície ocupada pelas pastagens. Enquanto isso, os estabelecimentos com mais de 10.000 ha tinham apenas 3% de sua área ocupada pelas lavouras, ao passo que cerca de 40% de sua área estava tomada pelas pastagens e outros 40% ocupada pelas matas.

É esse papel da *terra mercadoria* na economia brasileira que tem caracterizado a estrutura básica do nosso campo. Dados do Incra mostram que há no país mais de 140 milhões de hectares de terras aproveitáveis não exploradas, distribuídas praticamente por todas as regiões, sendo que a maioria delas está no Centro-Oeste (mais de 45 milhões de hectares).

Esse traço característico da estrutura agrária brasileira está na base do processo de concentração fundiária existente, que de certo modo caracteriza o campo como dominado pela pecuária de corte de norte a sul, de leste a oeste. Na realidade, quando se analisa sua estrutura produtiva, verifica-se que o caráter da terra como reserva de valor se manifesta na terra improdutiva, em parte na terra ainda coberta por mata natural contida nos latifúndios, mas, sobretudo, na terra ocupada pelas pastagens. Já no polo oposto está a terra ocupada produtivamente pelas lavouras, nos estabelecimentos com menos de 100 ha.

O papel da produção camponesa no valor da produção animal e vegetal

Os dados referentes ao valor da produção animal e vegetal do Censo Agropecuário de 1985 revelam esse caráter improdutivo da terra na estrutura agrária brasileira. As unidades com área inferior a 100 ha – que, aliás, detêm apenas 21% da área ocupada total – responderam por mais de 48% do valor da produção animal e vegetal do país. Os médios estabelecimentos, com área entre 100 e l.000 ha (35% da área ocupada total) ficaram com 35% do valor total da produção agropecuária. Já os grandes estabelecimentos, aqueles que têm área acima de 1.000 ha e ocupam 43% da área agrícola do país, foram responsáveis por apenas 17% do valor da produção vegetal e animal total do país naquele ano.

Essa característica, marcada pelo *não uso da terra para fins produtivos* no Brasil, fica ainda mais evidente quando se tomam os dados referentes principalmente à pecuária bovina, expressos pelos resultados da produção animal de grande porte. Esses dados revelam que 31% do valor total dessa produção animal foi obtida nos estabelecimentos com menos de 100 ha, que ocupam apenas 15% (26 milhões de hectares) da superfície total do país destinada às pastagens. Enquanto isso, os grandes estabelecimentos (mais de 1.000 ha) responderam por apenas 28% do valor da produção animal de grande porte, embora controlassem mais de 46% da área com pastagens (mais de 83 milhões de hectares).

No geral, pode-se também verificar que a produção vegetal (lavouras permanentes e temporárias) é responsável por 70% do valor da produção total, sendo que a metade desta produção está nos estabelecimentos com área inferior a 100 ha. Cabe ressaltar ainda que mesmo com relação ao total da produção animal (incluindo grande, médio e pequeno porte) os estabelecimentos com área inferior a 100 ha respondem por 47% do valor total dessa produção.

Em termos globais, a relação valor da produção por hectare mostra que, em 1985, os estabelecimentos com menos de 10 ha apresentaram um valor da produção bruta 27 vezes maior do que aqueles com mais de 10.000 ha. Mostra também que, mesmo tomando os estabelecimentos com área entre 1.000 e 10.000 ha, o valor da produção por hectare dos estabelecimentos com menos de 10 ha foi nove vezes maior que aquele. Esses dados revelam, principalmente, que a terra nos pequenos estabelecimentos está ocupada produtivamente, enquanto nos grandes estabelecimentos ela é pouco utilizada produtivamente, pois está retida como reserva de valor.

A importância da produção camponesa entre os principais produtos agropecuários

Quando se analisa o volume da produção dos principais produtos da agropecuária nacional, verifica-se que os estabelecimentos com menos de 100 ha são responsáveis por um percentual elevadíssimo da maior parte deles. Os dados mostram que nos últimos vinte anos esses pequenos estabelecimentos foram responsáveis por mais de 50% do volume da produção de morango, abóbora, batata-doce, melancia, juta, fumo em folha, mamona, uva, alho, cebola, melão, mandioca, feijão, batata-inglesa, tomate, coco-da-baía, banana, amendoim em casca, milho em grão, algodão em caroço e arbóreo, café em grão, agave e cacau, além dos suínos, aves e ovos produzidos. Já produtos tais como trigo, soja, laranja, arroz e leite foram aumentando sua produção gradativamente, nestes últimos vinte anos, em mais de 50% nos médios estabelecimentos (sobretudo aqueles entre 100 e 1.000 ha). A cana-de-açúcar e a pecuária bovina são pouco produzidas nos pequenos estabelecimentos, constituindo-se, pois, em produção agropecuária típica dos estabelecimentos médios e grandes.

De certo modo, o que se vê é o reflexo do papel fundamental que a terra tem adquirido na sociedade brasileira, ou seja, uma lógica ditada, por um lado, pela terra improdutiva nos grandes estabelecimentos e, por outro, pela terra produtiva nos pequenos.

Na realidade, o processo contraditório da expansão da agricultura fez com que os setores capitalistas no campo optassem principalmente pela pecuária bovina (corte e leite) e pelas culturas da cana-de-açúcar, soja, arroz, laranja e, em escala menor, pelo trigo, cacau, café etc. Enquanto isso, as pequenas unidades camponesas têm sido responsáveis pela maior parte da produção dos alimentos básicos da população e de várias matérias-primas industriais. É o capital abrindo, simultaneamente, caminho para a expansão dele próprio e da produção camponesa.

A DISTRIBUIÇÃO TERRITORIAL DESIGUAL DA PRODUÇÃO AGROPECUÁRIA

A análise da distribuição territorial da produção agropecuária no Brasil apresenta também a desigualdade como característica básica. No que se refere ao setor pecuário, pode-se verificar que a distribuição do rebanho bovino apresenta-se mais concentrada no Centro-Sul do país (Centro-Oeste – 28%; Sudeste – 28%; Sul – 19%), o que não ocorre com o rebanho de caprinos (Nordeste – 92%). Já o rebanho de suínos e o plantel de aves estão concentrados sobretudo nas regiões Sudeste e Sul do Brasil.

Esse processo de concentração dos rebanhos tem razões históricas que convém recordar. Em primeiro lugar, a concentração da pecuária de corte e leiteira no Centro-Sul está ligada não só à formação dos grandes mercados urbanos das regiões metropolitanas de São Paulo, Rio de Janeiro e Belo Horizonte, mas também às exportações de carne. Com relação ao rebanho de suínos, as razões derivam do papel das indústrias de embutidos (Sadia, Perdigão etc.), que criaram mecanismos de incentivo à produção em suas áreas de origem, por meio dos mecanismos da **integração**, subordinando a produção camponesa no Sul do país.

A produção de lavouras permanentes e temporárias tem obedecido lógicas distintas, ficando seu estímulo e/ou expansão ligados ora à ação do Estado, ora à de cooperativas ou empresas industriais. De uma forma geral, poder-se-ia dizer que as culturas de exportação têm sido responsáveis pela caracterização básica da agricultura especificamente capitalista no Brasil. Foi assim que as políticas fomentadas pelos governos militares, por intermédio das cooperativas no sul do Brasil, levaram à expansão da cultura de soja naquela região. Mas foi também o acordo assinado em 1974 entre o Brasil e o Japão (Prodecer) que viabilizou a expansão da soja para o Mato Grosso do Sul, Mato Grosso, Goiás, Minas Gerais e oeste da Bahia. Em 1990, os dados mostravam que cerca de 60% da produção de soja estava na região Sul (Rio Grande do Sul 32%, Paraná 23 %) e mais de 30% na região Centro-Oeste (Mato Grosso 15%, Mato Grosso do Sul 10%, Goiás 6%). Cabe lembrar também que essa expansão no cerrado vem sendo possível pela migração de sulistas para o centro do país, em razão dos processos de concentração da terra gerados, contraditoriamente, pela própria expansão da soja no Sul do Brasil. Cabe também deixar registrado o movimento de mudança das rotas de investimentos que capitalistas do setor da soja têm feito para realizar investimentos na produção dessa leguminosa no Paraguai e na Bolívia, em decorrência dos baixos preços da terra e de vantagens fiscais.

O café é outra cultura que tem conhecido uma alteração em sua expansão. O Paraná, que foi num passado recente seu principal produtor, já não controla mais do que 10% da produção nacional. Hoje os novos cafezais estão expandindo-se em Minas Gerais (35%) e Espírito Santo (15%). São Paulo tem mantido sua produção na casa dos 22%, o que lhe permite manter-se em segundo lugar no país.

Outro aspecto importante que ocorreu com a cultura do café foi a alteração nas relações de trabalho, que estão hoje dominantemente baseadas no trabalho assalariado, enquanto no período áureo de sua expansão no Paraná estavam baseadas na parceria. Cabe também ressaltar a presença da cultura do café na Bahia (4%) e em Rondônia (6%), sobretudo por causa dos movimentos migratórios de paranaenses para a Amazônia. O café também foi levado para o Paraguai por capitalistas do setor que abriram aquele país para uma verdadeira invasão de lavradores brasileiros, hoje conhecidos como *brasiguaios*.

Outra cultura que tem conhecido um grande crescimento é a de cana-de-açúcar, devido ao Proálcool. É oportuno ressaltar também que essa expansão da cultura da cana contém um aspecto contraditório do ponto de vista territorial, pois, em função do processo de territorialização do capital, essa expansão também está em grande parte concentrada. É por isso que São Paulo possui hoje 52% da produção de cana e, ao se analisar a cultura no interior do estado, pode-se ver que ela está concentrada principalmente nas regiões de Piracicaba e Ribeirão Preto. Já no que se refere à produção em outras regiões do país, a cana-de-açúcar expandiu-se para os estados do Paraná e Goiás, e continua sendo produzida nas regiões tradicionais como Campos no Rio de Janeiro e Zona da Mata, no Nordeste brasileiro, onde tem se expandido por quase todos os estados.

A cultura da laranja é outro produto que tem na indústria do suco o móvel de sua expansão. São Paulo continua concentrando 83% da produção nacional, porém novas áreas de implantação (novos pomares) já começam a se desenhar no país: o Triângulo Mineiro, como área alternativa para a expansão da cultura no norte de São Paulo, e a região de Paranavaí, no norte do Paraná, em função da implantação de mais uma indústria de suco concentrado. Além dessas, cabe ressaltar a formação de uma nova área de produção na região de Sorocaba ou mesmo a citricultura em Sergipe.

Quanto à participação das grandes empresas no mercado internacional do suco de laranja, tivemos em 1991 a seguinte performance nas exportações: Cutrale 23,6%, Citrosuco 22,6%, Frutesp 14%,

Frutropic 7,5%, Cargill 7%, Montecitrus 6,9% e outras empresas menores, 18,4%.

O arroz, cultura alimentar básica de grande parte da população com o predomínio do tipo "agulhinha" no mercado brasileiro, vem tornando o Rio Grande do Sul sua grande área produtora nacional (43%). Hoje produtores de arroz do Rio Grande do Sul vão para a Argentina à procura de terras mais baratas para aumentar essa produção. No conjunto nacional, vários estados participam da produção restante, entre eles Santa Catarina e Minas Gerais, com 8% cada um; Maranhão e Mato Grosso, com 6% cada um; Goiás e São Paulo, com 4% cada um. O arroz é uma das culturas que tem crescido cada vez mais nas médias e grandes unidades capitalistas no Centro-Sul do país e por unidades camponesas na Amazônia.

Em geral, a distribuição territorial da produção dos principais produtos agrícolas mostra uma forte concentração na região Sul, onde se encontra a principal região agrícola do país. À região Sudeste cabe outra fatia significativa da produção agrícola no campo brasileiro.

A AÇÃO DO ESTADO E A REORDENAÇÃO TERRITORIAL

O desenvolvimento capitalista no Brasil tem imposto uma reordenação territorial ao campo brasileiro. A formação dos grandes mercados urbanos nas regiões metropolitanas permitiu que novos produtos agrícolas fossem cultivados, formando assim novas áreas produtoras ou mesmo revigorando outras já decadentes. Somada à da produção voltada para o mercado interno está a expansão das culturas de exportação, via de regra financiadas com incentivos fiscais oriundos das políticas territoriais do Estado. Assim, combinando mercado interno e externo, o Estado atuou no sentido de incrementar a produção, principalmente de grãos.

O caráter industrial da agricultura capitalista no país possibilitou a produção em grande escala das culturas cuja obtenção de preços altos no mercado garantiam lucro certo nesses empreendimentos. O Estado atuou estimulando esses setores competitivos, deixando praticamente abandonadas aquelas culturas que têm se constituído, historicamente, na alimentação básica dos trabalhadores brasileiros.

Entre as políticas públicas, cabe ressaltar as voltadas para a implementação de novos polos de desenvolvimento: o Polocentro, o Polonordeste e o Polamazônia. O Polocentro esteve e está voltado para a expansão da cultura de grãos – soja e arroz, principalmente – no cerrado do Brasil central. O Polonordeste foi responsável, sobretudo, pelos investimentos na Zona da Mata nordestina e no sertão. Na região semiárida, essas políticas governamentais privilegiaram investimentos em projetos de irrigação, quer nas áreas dos açudes, quer nos vales dos rios da região. Papel de destaque coube à área do rio São Francisco, nos estados da Bahia e Pernambuco, ao vale do rio/açude Açu no Rio Grande do Norte e ao vale do rio Jaguaribe, no Ceará. O Polamazônia foi responsável pelo estabelecimento dos polos de desenvolvimento agromineral e agropecuário na região amazônica. Seguramente, dessa política derivaram os processos de desmatamento e de violência atualmente na região.

Essas ações estimuladas pelo Estado, somadas à própria lógica de concentração do capital a partir dos grandes centros metropolitanos, fizeram surgir no campo brasileiro uma reordenação territorial, produto da combinação contraditória e desigual da expansão da agricultura especificamente capitalista e da agricultura camponesa. Assim, a reordenação territorial do campo provoca até mesmo alterações na fronteira.

A forte concentração industrial e metropolitana de São Paulo articula hoje praticamente toda a produção agrícola brasileira. São Paulo não só sedia a Bolsa de Cereais oficial, como também sua similar clandestina, a "bolsinha", na região da rua da Cantareira, próximo ao Mercado Central da cidade. Além dessas duas, São Paulo conta também com a Bolsa de Mercadorias e Futuros, que atua fortemente no mercado das *commodities* (mercadorias tais como: café, soja, boi gordo etc.).

Se não bastassem essas duas bolsas, capazes de centralizar na metrópole paulistana a principal parte da comercialização dos produtos de origem agrária do país, em São Paulo encontra-se também a principal unidade de comercialização de produtos hortifrutigranjeiros do país: a Companhia de Entrepostos e Armazéns Gerais do Estado de São Paulo, Ceagesp. Neste entreposto forma-se praticamente a base de todos os preços nacionais desses produtos, conferindo-lhe capacidade de centralização e decisão sobre essa parcela da produção agrícola.

São Paulo articula ambas as produções, capitalista e camponesa, no campo brasileiro. Essa articulação faz com que o país vá criando áreas de certas especializações do ponto de vista produtivo. As regiões da Grande São Paulo, Campinas, Jundiaí e a porção sul da região de Sorocaba têm se especializado na produção hortifrutigranjeira. São áreas produtoras de verduras, legumes, morango, uva, pêssego, caqui, cebola, tomate etc., cultivados sobretudo por unidades camponesas de produção, articuladas ou não por grandes cooperativas, como foram os casos da Cooperativa Agrícola de Cotia e da Sul-Brasil.

A Coopercotia foi também responsável pela expansão das culturas de frutas no Nordeste brasileiro: mamão, no sul da Bahia e norte do Espírito Santo; melão, uva e manga nos vales do Açu (Rio Grande do Norte) e do São Francisco (Bahia e Pernambuco); mamão-papaia na Amazônia. Além disso, ela atuou no setor de produção de soja, na região de Barreiras, oeste do estado da Bahia. Cabe salientar que parte dessa produção está voltada para a exportação.

Como decorrência da ampliação do mercado interno somada à industrialização da fruta, o abacaxi passou a ser cultivado em várias partes do país. Às regiões tradicionalmente produtoras de Brodósqui, Bauru e Marília em São Paulo, vêm sendo somadas novas áreas produtoras no Triângulo Mineiro, norte de Minas e agreste paraibano. Com isso criou-se um mecanismo de rodízio em seu calendário anual, de modo a produzi-lo o ano todo.

A ação do Estado por intermédio da política de incentivos fiscais para o reflorestamento também contribuiu para alterar, em várias áreas do país, o uso da terra. Assim, a expansão da indústria de papel e celulose e de derivados da madeira estimulou o reflorestamento de vastas áreas com *pinus* e *eucalipto*, principalmente nos estados de São Paulo, Paraná, Espírito Santo e Bahia. Essa atividade também chegou à Amazônia brasileira, pelo Projeto Jari, onde se produz pasta de celulose da *gmelinea* e do *pinus caribea*. Mas é no Espírito Santo e no sul da Bahia onde estão as maiores áreas reflorestadas com *eucalipto* do país; nessa região há também uma grande indústria, a Aracruz Celulose, e um porto especializado na exportação do produto: o Portocel.

A ação do Estado na articulação e formação de grandes cooperativas no Sul do Brasil, via política de cooperativismo, abriu a possibilidade de expansão da cultura da soja no planalto meridional brasileiro. Rio Grande do Sul, Santa Catarina, Paraná e Mato Grosso do Sul têm hoje grandes produções desse produto destinadas principalmente para exportação e cultivadas em rodízio com o trigo. Este também se expandiu por causa das políticas governamentais de estímulo ao plantio, cujo objetivo visa diminuir a sua importação. Assim, o binômio soja-trigo marca sobremaneira essa porção do território brasileiro. É importante salientar também que a soja é responsável pela transformação radical do cerrado brasileiro, tendo se expandido para novas áreas produtoras nos estados de Mato Grosso (Rondonópolis, Diamantino Tangará da Serra, Sorriso e Barra do Garça), Goiás (Jataí, Rio Verde etc.), Bahia (Barreira), Tocantins (Formoso) e Balsas no Maranhão.

No entanto, é a pecuária bovina que mais tem crescido no território brasileiro nos últimos trinta anos. Essa atividade tem hoje áreas de especialização, como a bacia leiteira do Vale do Paraíba (paulista e fluminense) e sul de Minas e a área de engorda (invernada) da pecuária de corte, no oeste do estado de São Paulo. Mas essa atividade expandiu-se por todo o país, tendo mesmo transformado áreas tradicionais, como o sertão e o agreste nordestino. Sua expansão atingiu igualmente a Amazônia brasileira, em decorrência das políticas de incentivos fiscais promovidas pela Sudam, a partir de 1966. Assim, grupos empresariais do Centro-Sul do país (paulistas principalmente) investiram em projetos agropecuários no Pará, Mato Grosso, Maranhão, Tocantins, Rondônia e Acre. A implantação da pecuária de corte na Amazônia é a responsável direta pela devastação florestal da região, bem como por grandes fraudes na aplicação dos incentivos fiscais. Estudos realizados pelo Instituto de Pesquisa Econômica Aplicada, Ipea, órgão do Ministério do Planejamento do Governo Federal, demonstraram que apenas 25% desses incentivos foram efetivamente aplicados na região. No entanto, a floresta foi derrubada para a formação de pastos e, o que é importante ressaltar, tem se mostrado inadequada ecológica e economicamente.

Além dessas atuações do Estado no reordenamento territorial da produção agrícola, cabe lembrar as políticas governamentais voltadas para a colonização da Amazônia. Por meio delas o Incra implantou projetos de colonização oficial na região da Transamazônia (Marabá, Altamira), em Rondônia (Ariquemes, Jaru, Ouro Preto do Oeste, Ji-Paraná, Cacoal, Presidente Médici, Pimenta Bueno etc.) e Mato Grosso (Lucas do Rio Verde, Terra Nova, Guarantã do Norte). Grupos privados e particulares estimulados também por essas políticas implantaram projetos de colonização particulares principalmente em Mato Grosso. Em decorrência desses projetos privados surgiram cidades como Sinop, Colíder, Sorriso, Nova Mutum, Alta Floresta, Água Boa, Canarana etc.

A presença desses projetos e as transformações pelas quais o campo vem passando nos últimos anos têm sido responsáveis pela intensificação e pelo redirecionamento dos fluxos migratórios, para o Centro-Oeste e principalmente para a Amazônia, abrindo, dessa forma, novas fronteiras agrícolas no território brasileiro. Essas transformações estão na base dos processos de luta pela terra desencadeados no campo. Os movimentos sociais têm se intensificado nos últimos anos e a luta pela reforma agrária vem se ampliando, chegando às grandes cidades do país.

O CRESCIMENTO DOS MOVIMENTOS SOCIAIS NO CAMPO

As transformações profundas pelas quais tem passado o campo brasileiro nas últimas décadas têm gerado um aumento significativo dos movimentos sociais rurais, em luta pela terra ou por melhores condições de trabalho. Esse processo não é recente e tem suas raízes na própria história do Brasil. As lutas dos escravos negros contra a escravidão redundaram na formação dos quilombos, muitas vezes destruídos pelos bandeirantes, esses jagunços dos senhores de escravos. No século XIX, a luta de Canudos; no século XX, o Contestado, Trombas e Formoso, Porecatu, entre tantas outras, além dos inúmeros movimentos grevistas de colonos nas fazendas paulistas de café, são exemplos desse traço histórico das lutas no campo brasileiro.

Entretanto foi o Movimento das Ligas Camponesas que nas décadas de 50 e 60 agitou o campo brasileiro, a primeira forma mais ampla de movimento social rural. Fundadas como sociedades beneficentes dos defuntos, elas organizaram as lutas dos foreiros, moradores, arrendatários, pequenos proprietários e trabalhadores em geral na Zona da Mata nordestina, bem como a luta contra a expropriação e a exploração causadas pelo avanço dos latifúndios na região. Esse movimento começou com a fundação da Sociedade Agrícola de Plantadores e Pecuaristas de Pernambuco, SAPP, em 1954, no engenho de Galileia, município de Vitória do Santo Antão, em Pernambuco. Sendo uma sociedade beneficente de auxílio mútuo, teve como finalidade a fundação de uma escola, a constituição de um fundo funerário (para compra dos caixões para enterrar os defuntos), a aquisição de implementos agrícolas e sementes e a reivindicação de assistência técnica junto aos órgãos governamentais.

Assim, as Ligas, lideradas por Francisco Julião, logo se alastraram pelo Nordeste e por todo o país, marcando, por intermédio dos movimentos e manifestações de massa, a primeira forma de luta pela reforma agrária no Brasil. Em razão desse movimento, o governo federal de João Goulart criou a Superintendência da Reforma Agrária, Supra, que chegou a iniciar a primeira tentativa de implantação da reforma agrária, por um decreto que autorizava a desapropriação de terras numa faixa de 20 km ao longo das rodovias no país. O golpe militar de 1964 sufocou o movimento e suas lideranças foram presas e expulsas do país, quando não assassinadas.

Os governos militares pós-64 procuraram elaborar uma estratégia geopolítica capaz de sufocar a possibilidade de luta dos trabalhadores do campo, mas as transformações provocadas em diferentes regiões do país criaram novas condições e novas formas de luta. O número de conflitos no campo cresceu e alastrou-se pelo território nacional.

Em todas as regiões do país ocorreram conflitos, sobretudo nas de ocupação antiga, que passaram a revelar as contradições do processo de desenvolvimento do capitalismo no campo, ampliando a concentração fundiária por parte dos latifundiários rentistas (a maioria capitalistas) e o surgimento da luta dos camponeses pelo acesso à terra. A violência tem sido a marca registrada desses conflitos e o número de mortos tem crescido, sobretudo a partir da criação da União Democrática Ruralista, UDR.

A implantação de grandes projetos agropecuários na Amazônia, principalmente no Pará, Bico do Papagaio (região compreendida pelo norte de Tocantins, sudoeste do Maranhão e sudeste do Pará) e Mato Grosso, gerou um grande número de conflitos entre fazendeiros e posseiros, tornando a violência a principal característica dessa região. Foi também com esses projetos que, em pleno final do século XX, surgiu a peonagem ou "escravidão branca", como relação de trabalho praticada nesses empreendimentos pelos empresários do Centro-Sul do país.

Outra frente de luta pela terra travada pelos camponeses foi a das desapropriações nas grandes obras realizadas pelo Estado. Exemplos dessa luta apareceram no Rio Grande do Sul em função do projeto de construção de várias barragens no alto Uruguai; na construção da hidroelétrica de Itaipu; e no Nordeste, na construção das barragens de Sobradinho e Itaparica, no rio São Francisco. Atualmente, esses movimentos estão organizados nacionalmente, pela coordenação nacional das várias Comissões Regionais dos Atingidos por Barragens, CRABS.

Os movimentos sociais no campo brasileiro extravasam as fronteiras do país e chegam também ao Paraguai. Lá os camponeses brasileiros que emigraram na ilusão de obter terras baratas hoje organizam-se no movimento dos brasiguaios e, por meio dos acampamentos, lutam para ser novamente repatriados e assentados em áreas rurais do Brasil. Estima-se que existam mais de 200 mil trabalhadores brasileiros vivendo no Paraguai.

Já nas áreas onde a agricultura intensificou o desenvolvimento capitalista, a ação dos Sindicatos de Trabalhadores Rurais tem feito avançar as lutas por melhores condições de vida e trabalho. São exemplos dessas lutas as greves dos boias-frias de Guariba, em 1984, Leme e Araras, em São Paulo, em 1986, e as grandes greves dos canavieiros da Zona da Mata nordestina.

Os movimentos sociais rurais também chegaram à Amazônia.

No Acre, os seringueiros organizados nos Sindicatos de Trabalhadores Rurais têm aberto luta contra os latifundiários. O movimento tem aparecido na imprensa como luta contra o desmatamento da Floresta Amazônica (ecológica, portanto), mas, na sua essência, é uma luta pela reforma agrária da floresta. Liderados inicialmente por Wilson Pinheiro (assassinado em 1980), depois por Chico Mendes (assassinado em 1988) e atualmente por Raimundo de Barros, Osmarino Amâncio Rodrigues, Júlio Barbosa e Pedro Ramos, entre outros, estes seringueiros se organizaram, propuseram e estão lutando pela implantação das Reservas Extrativistas na Amazônia, como uma forma não só de preservação da floresta, mas também de reforma agrária na região. Como instrumento de luta criaram o Conselho Nacional dos Seringueiros e procuram unificá-la com a dos povos indígenas da região pela demarcação das reservas indígenas. Para isso fundaram, junto com a União das Nações Indígenas, UNI, a Aliança dos Povos da Floresta.

Os povos indígenas também estão presentes nas frentes de luta pela preservação de suas terras. Movimentos nacionais e internacionais têm surgido com o intuito de pressionar o governo brasileiro a reconhecer e demarcar as terras indígenas. A situação dessas terras, a maioria das quais está na Amazônia, ainda não foi definida. Esse povos, mesmo lutando, têm tido sua sobrevivência ameaçada pelas constantes invasões de suas terras, quer por fazendeiros, grileiros e garimpeiros, quer pelo próprio Estado, que elabora planos e propostas de construção de hidroelétricas, estradas ou bases militares no interior de reservas indígenas. O Projeto Calha Norte é um exemplo disso.

Em meio a essa diversidade de movimentos sociais no campo brasileiro, na década de 1980 nasceu e se expandiu rapidamente o Movimento dos Trabalhadores Rurais Sem Terra. Esse movimento, iniciado no Rio Grande do Sul, tem atualmente nos acampamentos a estratégia de luta para pressionar o governo brasileiro a efetuar a reforma agrária. Organizado nacionalmente, ele se constitui no principal movimento social no campo e busca, pela ocupação de terras, criar fatos políticos que mobilizem e sensibilizem os governantes para a necessidade da implantação da reforma agrária. Esse movimento também se utiliza das caminhadas pelas estradas até as capitais, onde são realizadas manifestações e ocupações de repartições públicas (Incra, por exemplo) para pressionar o governo. Embora organizado nacionalmente, o movimento tem sua maior base de penetração nos estados do Rio Grande do Sul, Santa Catarina, Paraná, São Paulo e Mato Grosso do Sul. Como resultado dessas pressões políticas, o movimento tem conquistado assentamentos em todos os estados onde atua, nos quais procura desenvolver experiências de produção coletivizada, com a criação de pequenas cooperativas ou associações de produtores.

Dessa forma, o Movimento dos Trabalhadores Rurais Sem Terra é o mais organizado e combativo no campo brasileiro, constituindo um novo marco na luta política dos trabalhadores brasileiros pela reforma agrária. É importante lembrar que para Alain Touraine, "sem a ação do MST, não há reforma agrária"[69], ou seja, nada se fará sobre reforma agrária de agora em diante, no Brasil, sem passar pelo MST. Lembramos também Chomsky, que afirmou que as duas novidades pós-90 são os sem-terra, no Brasil, e os zapatistas, no México.

A ATUALIDADE DA REFORMA AGRÁRIA NO BRASIL

Por causa do aumento da pressão política dos movimentos sociais no campo e do processo de ampliação da violência gerada por conflitos pela terra, o debate sobre a reforma agrária foi retomado pelas elites do país. No bojo da transição dos governos militares para os civis, o governo da Nova República (aliança política entre o PMDB e os dissidentes do PDS, que vieram a formar o PFL) anunciou, durante o IV Congresso Nacional da Confederação Nacional de Trabalhadores na Agricultura, Contag, a elaboração do primeiro Plano Nacional de Reforma Agrária, PNRA, conforme mandava o Estatuto da Terra, aprovado em 1964.

Elaborado com o objetivo de estabelecer a "paz na terra", ou seja, procurar resolver os inúmeros conflitos pela posse da terra no país, o 1º PNRA previa a desapropriação de 43.090.000 ha de terras e o assentamento de 1.400.000 famílias em cinco anos (1985/89). Para elaborar e implantar o plano, o governo de José Sarney criou o Ministério da Reforma Agrária, Mirad, que teve como primeiro-ministro Nelson Ribeiro.

Transcorrido o primeiro ano de implantação do plano, o Incra-Mirad tinha cumprido as seguintes metas: apenas 23% da área prevista para desapropriação, no primeiro ano, havia sido decretada desapropriada; somente 5% da área dos assentamentos fora regularizada; e 5% das famílias previstas estavam assentadas. Esse baixíssimo índice de cumprimento das metas deveu-se a uma grande luta política travada entre as forças conservadoras (proprietários de terra), que apoiavam o governo, e as forças progressistas, que defendiam a reforma. Nesse processo de luta política, os latifundiários, que já haviam começado a realizar leilões de gado para levantar fundos para impedir qualquer possibilidade de reforma agrária, criaram, em agosto de 1985, depois de um leilão de gado realizado em Goiânia, a União Democrática Ruralista, UDR, com a finalidade de coordenar nacionalmente a ação desses latifundiários contra a reforma agrária. Essa entidade tem elegido deputados e senadores que, inclusive na última Constituinte, votam em massa contra as propostas de uma ampla reforma agrária no país.

Em decorrência dessa atuação da UDR e da ausência de decisão política por parte dos partidos que apoiavam o governo na Nova República, a violência no campo continuou. Enquanto em 1980 ocorreram 467 conflitos no campo, em 1985 esse número subiu para

712 e, em 1990, foi de 448. Em 1983, foram assassinados 96 trabalhadores no campo e em 1986 houve um aumento para 302 mortes, o que demonstrava o endurecimento por parte dos latifundiários. Em 1990, o número dos trabalhadores mortos no campo chegou a 79.

Esses fatos, relacionados com a troca de vários ministros da Reforma Agrária, no governo Sarney (Nelson Ribeiro, Dante de Oliveira, Marcos Freire, que morreu com diretores do Incra na explosão do avião em que viajavam, no aeroporto de Carajás, região mais violenta do país, no sul do Pará, e Jáder Barbalho), culminaram com a extinção do Ministério da Reforma Agrária e, depois, com o não cumprimento das metas definidas no 1º PNRA. O final do governo Sarney mostrou que apenas 10% das metas do plano tinham sido atingidas, nos cinco anos de sua implantação. Os governos Collor e Itamar quase nada fizeram. O governo de Fernando Henrique Cardoso, por sua vez, baseado no pacto com as elites, também fez muito pouco.

Assim, o debate sobre a reforma agrária continua sendo uma questão aberta na sociedade brasileira, e o aumento dos conflitos no campo e o crescimento dos movimentos sociais revelam que, mais cedo ou mais tarde, o país terá que fazer uma ampla e profunda reforma agrária ou então terá que conviver com uma das estruturas fundiárias mais concentradas do mundo e com os maiores latifúndios que a história da humanidade já registrou. A reforma agrária, além de resolver a maior parte dos problemas estruturais que existem no campo brasileiro, permitirá ampliar a oferta de alimentos e resolver o problema crônico da fome e do desemprego, enfim, da miséria que envolve milhões de brasileiros.

A UNIDADE (CONTRADITÓRIA) CIDADE/CAMPO

O processo contraditório e desigual de desenvolvimento da agricultura, sobretudo pela via da industrialização, tem eliminado gradativamente a separação entre a cidade e o campo, entre o rural e o urbano, unificando-os numa unidade dialética. Isto quer dizer que campo e cidade, cidade e campo, formam uma unidade contraditória. Uma unidade em que a diferença entre os setores da atividade econômica (a agricultura, a pecuária e outros, de um lado, a indústria, o comércio etc. do outro) vai sendo soldada pela presença, na cidade, do trabalhador assalariado (boia-fria) do campo. Aliás, as greves dos trabalhadores do campo são feitas nas cidades. Pode-se verificar também que a industrialização dos produtos agrícolas pode ser feita no campo com os trabalhadores das cidades. Aí reside um ponto importante nas contradições do desenvolvimento do capitalismo, tudo indicando que ele mesmo está soldando a união contraditória que separou no início de sua expansão: a agricultura e a indústria; a cidade e o campo. Mas não são só os assalariados do campo que lutam na cidade por melhores salários, são também os camponeses que lutam na cidade procurando obter um preço melhor para seus produtos, ou ainda para buscar vantagens creditícias e/ou técnicas, de modo a manter as condições para continuarem camponeses, ou seja, continuarem produzindo com sua família na terra. A cidade, hoje, revela essas contradições. Ela é, pois, palco e lugar dessas lutas rurais/urbanas e/ou urbanas/rurais. O que significa dizer que a compreensão dos processos que atuam na construção/expansão de grande parte das cidades passa pela igualmente necessária compreensão dos processos que atuam no campo. Basta lembrar o que está ocorrendo com Promissão e no Pontal, no interior paulista.

No caso brasileiro, esse processo histórico, ao mesmo tempo que aprofunda a luta pela reforma agrária no campo (o aumento da violência é uma evidência desse processo), transfere paulatina mas decididamente esta luta (pela reforma agrária) para as cidades. Até mesmo os latifundiários/grileiros da UDR, atuam ao mesmo tempo no campo, fazendo aumentar a violência, e também decididamente nas cidades, fazendo seu *marketing* político e suas manifestações (leilões de gado, passeatas etc.). Aliás, esta violência tem ceifado a vida de trabalhadores do campo ou de suas lideranças sindicais, políticas e religiosas nas cidades.

Dessa forma, cidade e campo vão se unindo dialeticamente, quer no processo produtivo, quer no processo de luta por melhores salários, por melhores preços para os produtos agrícolas e, particularmente, pela reforma agrária.

A ANÁLISE TEÓRICA NA GEOGRAFIA AGRÁRIA: A TERRITORIALIZAÇÃO DO CAPITAL E A MONOPOLIZAÇÃO DO TERRITÓRIO

O desenvolvimento da agricultura (pela industrialização) revela assim que o capitalismo está unificando contraditoriamente o que ele separou no início de seu desenvolvimento: indústria e agricultura. Essa unificação está sendo possível porque o capitalista tornou-se também proprietário de terra, portanto latifundiário. Isso se deu também porque o capital desenvolveu liames de sujeição que funcionam como peias, como amarras ao campesinato, fazendo com que ele produza, às vezes, exclusivamente para a indústria.

Um exemplo desse processo contraditório de desenvolvimento ocorre com as usinas ou destilarias de açúcar e álcool, onde atualmente indústria e agricultura são partes ou etapas de um mesmo processo. Capitalista da indústria, proprietário de terra e capitalista da agricultura têm um só nome, são uma só pessoa ou uma só empresa. Para produzir, utilizam o trabalho assalariado dos boias-frias que moram nas cidades.

O outro exemplo se dá com os produtores de fumo, no Sul do Brasil, que entregam sua produção às multinacionais do cigarro. Nesse caso, o capitalista é uma empresa industrial, enquanto o proprietário da terra e o trabalhador são uma única pessoa, os camponeses. Já nos casos em que os camponeses arrendam terra para plantar o fumo com o trabalho de suas famílias temos como personagens sociais desse processo o capitalista industrial, o proprietário de terra rentista (que vive da renda em dinheiro recebida pelo aluguel de terra) e o camponês rendeiro que trabalha a terra com a família.

O que esses processos contraditórios do desenvolvimento capitalista no campo revelam é que, no primeiro caso, o capital territorializa-se. Trata-se, portanto, do processo de territorialização do capital monopolista na agricultura. No segundo caso, esse processo contraditório revela que o capital monopoliza o território sem territorializar-se. Trata-se, pois, do processo de monopolização do território pelo capital monopolista.

No primeiro mecanismo desse processo contraditório, ou seja, em que o capital se territorializa, ele varre do campo os trabalhadores, concentrando-os nas cidades, quer para serem trabalhadores da indústria, comércio ou serviços, quer para serem trabalhadores assalariados no campo (boias-frias). Nesse caso o processo especificamente capitalista se instala, a reprodução ampliada do capital desenvolve-se em sua plenitude. O capitalista/proprietário da terra embolsa simultaneamente o lucro da atividade industrial e da agrícola (cultura da cana, por exemplo) e a renda da terra gerada por esta atividade agrícola. A monocultura se implanta e define/caracteriza o campo, transformando a terra num "mar" de cana, de soja, de laranja, de pastagem etc.

Já no segundo mecanismo, quando o capital monopoliza o território, ele cria, recria, redefine relações de produção camponesa, portanto familiar. Ele abre espaço para que a produção camponesa se desenvolva e com ela o campesinato como classe social. O campo continua povoado e a população rural pode até se expandir. Nesse caso, o desenvolvimento do trabalho no campo pode possibilitar, simultaneamente, a distribuição da riqueza na área rural e nas cidades, que nem sempre são grandes.

Neste segundo caso ainda, o próprio capital cria as condições para que os camponeses produzam matérias-primas para as indústrias capitalistas ou mesmo viabilizem o consumo dos produtos industriais no campo (ração para a avicultura ou para a suinocultura). Esse processo revela que o capital sujeitou a renda da terra produzida pelos camponeses à sua lógica, ou seja, está-se diante da metamorfose da renda da terra em capital. O que o processo revela, portanto, é que estamos diante do processo de produção do capital, que nunca é produzido por relações especificamente capitalistas.

É por isso que o desenvolvimento do capitalismo no campo abre espaço simultaneamente para a expansão do trabalho familiar camponês, nas suas múltiplas formas, como camponês proprietário, parceiro, rendeiro ou posseiro. É assim que os próprios capitalistas no campo utilizam-se desse processo para produzir seu capital.

Concluindo, a territorialização do monopólio e a monopolização do território podem se constituir em instrumento de explicação geográfica para as transformações territoriais do campo.

Quiçá sirva de instrumento para os trabalhadores sem terra ajudarem na construção de uma nova sociedade.

NOTAS

1. Kurz, Robert. *O colapso da modernização.* Rio de Janeiro: Paz e Terra, p.16.
2. Andrade, Manuel Correia. *Geografia – ciência da sociedade.* São Paulo: 1987, ed. Atlas, p. 56.
3. Reclus, Elisée. *La Geografia al servicio de la vida* (Antologia) por Colectivo de Geógrafos. Barcelona: Ed. 7 1/2, 1980.
4. Kropotkin, Pietr. *Ouvres.* FM/Petite Collection. Paris: Maspero, 1976.
5. Capel, Horácio. *Filosofia y ciencia en la Geografia contemporánea.* Barcelona: Barcanova, 1981.
6. Moraes,Antonio Carlos R. *Geografia – pequena história crítica.* São Paulo: Ed. Hucitec, 1981.
7. Moreira, Ruy. *Geografia.* São Paulo: Ed. Brasiliense, 1981.
8. Löwy, Michael. *As aventuras de Karl Marx contra o barão de Münchhausen,* 5° edição, São Paulo: Ed. Busca Vida, 1991.
9. Comte, Auguste. *Curso de filosofia positiva.* Coleção *Os Pensadores.* São Paulo: Abril Cultural, 1978.
10. Löwy, Michael. op. cit. p. 17.
11. Simpósio *"A renovação da geografia".* Rio de Janeiro: AGB/SBPC, 1973.
12. Filizola Diniz, José Alexandre. *Geografia da agricultura.* São Paulo: Difel, 1984.
13. Dilthey, Wilhelm. *Introducción a las ciencias del espiritu,* Mexico: Fondo de Cultura Economica, 1949, e *Teoria de la concepción del mondo.* México: Panco 63, 1944.
14. Löwy, Michael, op. cit., p. 63/4.
15. ________, op. cit., p. 139
16. Valverde, Orlando, *Geografia agrária do Brasil.* Rio de Janeiro: INEP-MEC-CBPE, 1964, p. 5.
17. George, P. *et alii, Geografia ativa.* São Paulo: Difel/Edusp, 1966.
18. Lacoste, Yves. *Unité & diversité du Tiers Monde.* Paris: Maspero,1980.
19. Guglielmo, Raymond. Geografia e dialética in Reflexões sobre a Geografia. São Paulo: AGB-SP, 1980.
20. Kaiser, Bernard. *O geógrafo e a pesquisa de campo,* in Seleção de Textos – nº 11, São Paulo: AGB-SP, 1985.
21. Dresch, Jean. Reflexões sobre a geografia, in Reflexões sobre a Geografia. São Paulo: AGB-SP, 1980.

22. Tricart. Jean. O campo na dialética da geografia. in Reflexões sobre a Geografia. São Paulo: AGB-SP, 1980.

23. Oliveira, Ariovaldo Umbelino. O econômico na obra Geografia econômica de Pierre George: Elementos para uma Discussão, in *Geografia: Teoria e Crítica (O saber posto em questão)*, Org. Ruy Moreira, Petrópolis: Ed. Vozes, RJ, 1982.

24. Valverde, Orlando. *Estudos de geografia agrária brasileira*, Petrópolis: Vozes, 1985.

25. Andrade, Manuel Correia. *A terra e o homem no Nordeste*. São Paulo: Brasiliense, 1964.

26. Petrone, Pasquale. *A baixado do ribeira*. São Paulo: FFCL-USP, 1966.

27. Goldenstein, Léa. *A industrialização da baixada santista*. São Paulo: IG-USP, 1972.

28. Seabra, Manoel. *Vargem Grande – organização e transformação de um setor do cinturão-verde paulistano*, São Paulo: IG-USP, 1971 e *As cooperativas mistas do estado de São Paulo*. São Paulo: IG-USP, 1977.

29. Marx, K. Introdução para a crítica da economia política-Coleção *Os Pensadores*, São Paulo: Abril Cultural, 1974, pp.135/6.

30. Marx, K. *O capital* volume I, livro primeiro. Tomo 1. Coleção *Os Economistas*, volume I, Nova Cultural. São Paulo: 1985, p. 20.

31. Oliveira, Ariovaldo Umbelino. Modo capitalista de produção e agricultura, Coleção *Princípios 68*. São Paulo: Ed. Ática. 1986.

32. Dobb, Maurice. *A evolução do capitalismo*. Rio de Janeiro: Zahar Ed. 1974 (4ª ed).

33. Sodré, Nelson Werneck. *Formação histórica do Brasil*. Rio de Janeiro: Civilização Brasileira, 1962.

34. Guimarães, Alberto Passos. *Quatro séculos de latifúndio*. Rio de Janeiro: Paz e Terra, 1974.

35. Rangel, Inácio. Dualidade básica na economia brasileira-ISEB. Rio de Janeiro: 1957, e A história da dualidade brasileira, in *Rev. Economia Política*, vol. 1, nº 4, out/dez, São Paulo, 1981.

36. Valverde, Orlando. *Estudos de geografia agrária brasileira*. Petrópolis: Ed. Vozes, 1985.

37. Benites, Miguel Gimenez. *Brasil central pecuário: interesses e conflitos*. Tese de doutorado, pós-graduação em Geografia Humana. Departamento de Geografia-FFLCH-USP, São Paulo: 1996.

38. Teixeira, Maria Ap. Serapião. *A diversidade e diversidade dos produtores de leite: de pecuaristas-mercantis*. Dissertação de mestrado em Geografia Humana, Departamento de Geografia-FFLCH-USP, São Paulo: 1983.

39. Kautsky, Karl. *A questão agrária*. São Paulo: Proposta Ed., 1980.

40. Lenin, Vladimir I. *O desenvolvimento do capitalismo na Rússia*, Col. Os Economistas, São Paulo: Abril Cultural, 1982.

41. Huberman, Leo. *História da riqueza do homem*. Rio de Janeiro: Zahar Ed., 1973.

42. Sweezy, Paul. *Teoria do desenvolvimento capitalista*. Rio de Janeiro: Zahar Ed., 1967.

43. Prado Jr., Caio. *A questão agrária no Brasil*. São Paulo: Brasiliense, 1979.

44. D'Incao e Mello, Maria Conceição. *O boia-fria – acumulação e miséria.* Petrópolis-RJ: Vozes, 1979.
45. Silva, José Graziano. *Progresso técnico e relações de trabalho na agricultura.* São Paulo: Hucitec, 1981, e *A modernização dolorosa*, Rio de Janeiro: Zahar Ed., 1981.
46. Abramovay, Ricardo. *Paradigmas do capitalismo agrário em questão.* São Paulo: Hucitec, 1992.
47. Moreira, Ruy. *O desenvolvimento do capitalismo e o lugar do campo no processo.* Terra Livre nº 1, ano 1, São Paulo: AGB, 1986.
48. Marx, Karl. *O capital.* Volume III – livro terceiro – tomo 2 - Coleção *Os Economistas* – volume V – São Paulo: Nova Cultural, 1986, p. 317.
49. Luxemburg, Rosa. *A acumulação de capital.* Rio de Janeiro: Zahar Ed., 1976.
50. Shanin, Teodor. *La classe Incomoda.* Madrid: Alianza ed., 1993.
51. Amin, Samir e Vergopoulos, Kostas. *Questão agrária e o capitalismo.* Rio de Janeiro: Paz e Terra, 1977.
52. Martins, José Souza. *O cativeiro da Terra.* São Paulo: Hucitec, 1979.; *Expropriação e violência (A questão política no campo).* São Paulo: Hucitec, 1980; *Os camponeses e a política no Brasil.* Petrópolis: Vozes, 1981; *A militarização da questão agrária no Brasil (Terra e poder: o problema da terra na crise política).* Petrópolis: Vozes, 1984.; *A Reforma Agrária e os limites da democracia na "Nova República".* São Paulo: Hucitec, *1986; Não há terra para plantar neste verão – o cerco das terras indígenas e das terras de trabalho no renascimento político do campo.* Petrópolis: Vozes, 1986; *Caminhada no chão da noite – Emancipação e Libertação nos Movimentos Sociais do Campo.* São Paulo, Hucitec, 1989; *A chegada do estranho.* São Paulo, Hucitec, 1993; *O poder do atraso*, São Paulo, Hucitec, 1994. *Fronteira*, Hucitec, São Paulo, 1997; e *Exclusão e a nova desigualdade*, São Paulo: Paulus, 1997.
53. Moura, Margarida Maria. *Camponeses.* São Paulo: Ática, 1986.
54. Santos, José Vicente Tavares. *Colonos do vinho*, São Paulo: Hucitec, 1978.
55. Sader, Maria Regina C. T. *Espaço e luta no Bico do Papagaio*, Tese de Doutorado, Departamento de Geografia – São Paulo: FFLCH-USP 1985.
56. Oliveira, Ariovaldo Umbelino. *A apropriação da renda da terra pela capital na citricultura paulista*, in: Terra Livre nº 01, ano I, São Paulo: AGB, 1986; *Geografia das lutas no campo* – Coleção *Repensando a Geografia.* São Paulo: Ed. Contexto – 1987; e *Amazônia: monopólio, expropriação e conflitos.* Coleção *Educar Aprendendo.* Campinas-SP: Ed. Papirus. 1987.
57. Oliveira, Ariovaldo Umbelino. *Agricultura e indústria no Brasil. Boletim Paulista de Geografia*, nº 58, set. 1981. São Paulo: AGB.
58. Oliveira, Ariovaldo Umbelino. *A Agricultura camponesa no Brasil.* Coleção *Caminhos da Geografia.* São Paulo: Ed. Contexto, 1991.
59. Lefebvre, Henri. *La production de l'espece*, Anthropos, 1974.
60. Calabi Andréa e Endovina. *Sobre o uso capitalista do território.*
61. Raffestin, Claude. *Por uma geografia do poder.* São Paulo: Ed. Ática, 1993.
62. Gottdiner, Mark. *A produção social do espaço urbano.* São Paulo: Edusp, 1993.

63. Coraggio, José Luis. Possibilidades de um Ordenamento Territorial para la transición en Nicaragua (1982) in *Ordenação do Território: uma Questão Política?* Org. Becker, Berta K., UFRJ-Geografia, Rio de Janeiro: 1984.
64. Quaini, Massimo. *Marxismo e Geografia.* Rio de Janeiro: Paz e Terra, 1979.
65. Chesnais, François. *A mundialização do capital.* São Paulo: Xamã VM Ed. 1996.
66. Lacoste, Yves. *Unité & diversité du Tiers Monde.* Paris: Maspero, 1980.
67. A análise que faço nesta parte está exposta no capítulo "Agricultura Brasileira, Transformações Recentes", publicado no livro *Geografia do Brasil*, Jurandyr L. Ross (Org.), São Paulo: Edusp, 1995.
68. Martins, José de Souza. *Os camponeses e a política no Brasil.* Petrópolis: Vozes, 1981.
69. Touraine, Alain. *Folha de S. Paulo.* Caderno Brasil, 15/09/97, p. 11.

A GEOGRAFIA: PESQUISA E ENSINO

*Nídia Nacib Pontuschka**

A disciplina escolar geografia está no jogo dialético entre a realidade da sala de aula e da escola, entre as transformações históricas da produção geográfica na academia e as várias ações governamentais representadas hoje pelos guias, propostas curriculares, parâmetros curriculares nacionais de geografia; avaliações impostas aos professores, sem mudanças radicais na estrutura da escola e na organização pedagógica global e pelo embate acirrado entre escola pública e privada.

Diante das múltiplas ações e orientações originárias dos órgãos centrais da educação vinculadas à política educacional do país, perguntamos: que caminhos o professor e a escola podem trilhar para que os alunos dos diferentes níveis de ensino compreendam o espaço geográfico e ampliem sua visão de mundo, conheçam o seu papel na sociedade moderna ou pós-moderna, como querem alguns, em uma economia mundializada e de vida globalizada?

Como a globalização se traduz no espaço de vida do professor e do aluno? Como, do ponto de vista do espaço geográfico, integrar a escala internacional (globalização) à escala local (espaço vivencial)?

Não existem respostas mágicas para essas questões, a universidade tem um papel importante na análise do contexto da educação atual do país a ser realizada junto com os professores das escolas

* Professora de Práticas de Ensino de Geografia da Faculdade de Educação da USP.

do ensino fundamental e médio. Esse esforço conjunto tem que ser feito mesmo considerando as dificuldades de interação entre essas duas grandes instituições com ritmos de trabalho e objetivos diferentes, porque enquanto a universidade tem como preocupação, em nosso caso específico, formar o profissional de geografia, seja ele geógrafo ou professor de geografia, essa disciplina escolar no ensino fundamental e médio precisa formar uma criança e um jovem que deverão se movimentar bem no mundo de hoje, com a complexa realidade que vivemos, e ainda prepará-los para enfrentar outras transformações que estão por vir. A escola da fábrica do século passado ainda está aí e não dá conta da formação desse jovem. Há que se pensar em um ensino que forme o aluno do ponto de vista reflexivo, flexível, crítico e criativo. Não é uma formação para o mercado de trabalho apenas, mas um jovem preparado para enfrentar as transformações cada vez mais céleres que certamente virão. A escola, particular ou pública, precisa ser repensada para a formação desse novo jovem. Pesquisas conjuntas devem ser realizadas com urgência.

É quase consenso nos escritos oficiais ou não oficiais que a escola precisa contribuir para a construção da cidadania. Mas o que é cidadania? Como conceituar cidadania em uma sociedade tão desigual na qual pensadores contestam até a existência do cidadão, sobretudo em nosso país?

A construção da cidadania como grande meta é extremamente difícil de ser realizada, pois na escola pública temos uma população numerosa, heterogênea do ponto de vista escolar e sociocultural – diferenças de idade, de valores, de hábitos, de origens sociais e culturais, em que os preconceitos e as ideologias somente são superados com muito trabalho por parte do conjunto dos professores.

Conhecer os alunos, as representações sociais e os saberes que trazem é a primeira tarefa do professor de qualquer disciplina.

Estamos no século XXI e continuamos a nos fazer perguntas antigas sobre o ensino-aprendizagem da geografia. Que conteúdos selecionar? Que método utilizar? Que linguagens priorizar? Como sensibilizar os alunos para a importância do conhecimento da geografia para a sua vida em suas múltiplas dimensões?

AS PESQUISAS NO ENSINO DA GEOGRAFIA

Até os anos 60, muito pouco sabemos sobre a produção de pesquisas voltadas para o ensino e a aprendizagem da geografia, a não ser pelas críticas aos livros didáticos realizadas sobretudo por historiadores ou pelos autores que, na década de 30, produziram livros sobre metodologia da geografia, com destaque para Delgado de Carvalho.

A *Metodologia do ensino geográfico*, publicado em 1925, constituiu o trabalho mais importante da geografia do Brasil, na primeira metade do século XX, escrito por Delgado de Carvalho, professor e diretor do tradicional Colégio D. Pedro II e o primeiro a se preocupar com o ensino de geografia, fundamentado pelo método de pesquisa e ensino da época e propondo uma distribuição mais precisa e lógica dos conteúdos. Esse estudioso interferiu inclusive nas concepções dessa disciplina nas reformas de ensino ocorridas no início do século em nosso país.

Foram necessárias maiores pesquisas sobre essa temática na primeira metade do século. Em vários momentos da segunda metade do século XX, os geógrafos produziram artigos sobre o ensino da geografia, preocupados principalmente com os conteúdos escolares, ou seja, "o que ensinar", e não tão preocupados com o "como ensinar". Se essa crítica pode ser feita para o ensino da geografia na primeira metade do século XX, ainda não podemos dizer que os métodos de ensino mais inovadores e democráticos hoje estão aplicados nas escolas do país.

O Instituto Brasileiro de Geografia e Estatística, IBGE, e o Colégio D. Pedro II do Rio de Janeiro por muito tempo "ditaram" o elenco de conteúdos que deveriam constar do programa de ensino no Brasil, antes da formação da primeira geração de licenciados das universidades do Rio de Janeiro e São Paulo.

A fundação da Faculdade de Filosofia, Ciências e Letras, da USP, em 1934, e do Departamento de Geografia, em 1946, tiveram papel fundamental no desenvolvimento da ciência geográfica no país. Do ponto de vista teórico, é importante registrar a profunda influência europeia sobre o desenvolvimento dessa ciência, com destaque para a presença francesa, pois seus primeiros mestres eram originários da França.

Simultaneamente à criação da USP, foi fundada a Associação dos Geógrafos Brasileiros, que teve e tem até hoje significativa importância para todos aqueles que, no Brasil, pesquisam ou ensinam geografia.

A geografia no antigo ginásio, até a época da fundação da FFLCH-USP, nada mais era do que a dos livros didáticos. Geralmente eles expressavam o que havia sido a geografia até meados do século XIX na Europa: enumeração de nomes de rios, serras, montanhas, capitais, cidades principais, totais demográficos de países, de cidades etc.

Aroldo de Azevedo buscou examinar corno a geografia evoluiu no Estado de São Paulo, começando por perguntar:

> Mas que geografia é essa? A geografia puramente descritiva e enumerativa, tipo catálogo, que tanto horror causava e ainda causa, por ser um instrumento de martírio dos estudantes...? Ou a geografia que se confunde com a topografia e a cartografia...? Ou finalmente a verdadeira geografia, a geografia moderna que se estuda nos meios cultos da Europa e da América notadamente em que a interpretação dos fatos constitui o coroamento de pesquisas realizadas no terreno e de estudos elaborados em bases científicas?[1]

A "verdadeira" geografia para Aroldo de Azevedo seria aquela produzida à semelhança da que os grandes centros do Hemisfério Norte produziam – precisamos lembrar que, na época, havia urna dependência cultural estreita em relação à Europa, via França, e, secundariamente, aos Estados Unidos.

A fundação da Faculdade de Filosofia, Ciências e Letras da Universidade de São Paulo contribuiu para mudanças no perfil do professor de geografia e história, criando um profissional novo, o bacharel e licenciado em geografia, com um papel importante na mudança cultural sobretudo na sala de aula e na produção da geografia.[2]

Com o crescimento da produção científica a geografia se desenvolveu baseada em trabalhos de campo, realizados com os estudantes acoplados à literatura geográfica de origem francesa ou de origem alemã, acrescida da crítica desses professores.

A orientação dada ao ensino obedece à metodologia francesa, em suas linhas mestras. Nas décadas de 40 e 50, o Departamento de Geografia da USP dava importância aos estudos regionais, considerados como a expressão fiel da paisagem geográfica, segundo as ideias dos geógrafos da época. Em 1949, pleiteava-se a criação da cadeira de geografia regional no Departamento de Geografia da USP.[3]

O IBGE teve papel expressivo na produção de artigos sobre pesquisas de caráter geográfico, chegando aos alunos do antigo ginásio e colégio via professores de geografia, desde a escola fundamental até a universidade, pelos livros didáticos e orientações metodológicas fundamentadas em material e publicações produzidos por esse órgão.

Para o ensino médio destacou-se o *Boletim Geográfico*, com distribuição por todo o território nacional, por intermédio das agências e delegacias do IBGE, tendo sido um dos primeiros a se preocupar com o ensino da geografia de forma regular. O *Boletim Geográfico*, que existiu por trinta e seis anos (de 1943 a 1978), possuía várias seções e, entre elas, uma dedicada ao ensino. Os geógrafos estrangeiros e as gerações que os sucederam deixaram artigos e transcrições sobre ensino nesse periódico.[4]

A Associação dos Geógrafos Brasileiros Seção de São Paulo deu início à publicação do *Boletim Paulista de Geografia-BPG*, tornando-se o órgão de expressão dos geógrafos do Estado de São Paulo e, principalmente, da USP, e seu nº 1 surgiu em 1946, contando hoje com 74 números publicados.

No *Boletim Paulista de Geografia*, os geógrafos divulgavam e divulgam ainda suas ideias e pesquisas, constituindo fonte bibliográfica obrigatória para os professores do ensino fundamental e médio e estudantes de geografia deste estado e talvez de outros estados do país. Desde a década de 40, o *BPG* influencia na formação dos professores da USP e das faculdades particulares ou públicas fundadas no decorrer deste século. Os associados da AGB-São Paulo mantinham-se atualizados sobre o movimento da geografia em termos nacionais e até mesmo internacionais, pela seção denominada "Noticiário".

Na apresentação do primeiro número do *BPG* Aroldo de Azevedo assim se expressou:

> Com o presente número, inicia-se a publicação do Boletim paulista de geografia, órgão da Seção de São Paulo da Associação dos Geógrafos Brasileiros. Sua responsabilidade é um pouco maior do que a de outras publicações de seu gênero: em primeiro lugar porque será o espelho da nova geração de geógrafos que, à sombra da AGB, vem trabalhando, conscientemente, embora de maneira silenciosa em terras paulistas; em segundo lugar, porque já traz consigo uma tradição de cultura geográfica, que não deve nem pode desonrar (...), procurará oferecer aos seus leitores contribuições originais de valor, quer dentro do quadro da geografia física e biológica, quer dentro do âmbito da geografia humana, em seu mais amplo sentido, sem esquecer o campo fascinante da geografia regional.[5]

Notícias e artigos relativos às teses de concurso e doutoramento do Departamento de Geografia da USP eram publicados pelo BPG, dando a conhecer à comunidade científica e aos professores do ensino médio a produção que se fazia no momento.

Pasquale Petrone, na década de 70, fez uma análise da produção dos geógrafos, demonstrando a predominância de trabalhos que tinham por objeto o estudo do espaço brasileiro:

> (...) Trata-se do fato de que, mais que qualquer outra coisa, foi fundamentalmente uma produção voltada para a geografia do espaço brasileiro, basicamente o estudo geográfico do Brasil, nem sempre produzido no País. Sobre tal aspecto é rara a produção brasileira voltada para o estudo geográfico de outras partes do Globo ou para temas gerais, assim como é relativamente pobre a produção brasileira voltada para os aspectos teóricos e metodológicos da Geografia.[6]

Ainda na década de 50 permaneciam as análises geográficas realizadas segundo o pensamento de Vidal de La Blache, geógrafo francês cujas ideias e livros chegaram ao Brasil nas primeiras décadas da existência da USP. Para a pesquisa em geografia, La Blache propunha o seguinte encaminhamento: observação de campo, indução a partir da paisagem, particularização da área enfocada (traços históricos e naturais), comparação entre áreas estudadas, do material levantado e classificação das áreas e dos gêneros de vida, em séries de tipos genéricos, devendo chegar, no final, a uma tipologia.

Sobre a influência de La Blache, o professor Manoel Fernando Gonçalves Seabra afirma:

> As tendências hoje incluídas no rótulo de geografia tradicional são corporificadas nos princípios de La Blache, tendo como objetivo geral a preocupação em abordar de forma central as relações do homem com a natureza. Todas elas redundaram em formas mais ou menos radicais de naturalização da sociedade humana, abstraindo do homem o seu caráter social.[7]

Os princípios da escola francesa nortearam as pesquisas das primeiras gerações de cientistas brasileiros e o trabalho pedagógico dos docentes. No Brasil, o ideário produzido pela escola francesa chegou aos bancos escolares pelos licenciados que, de posse do saber científico desenvolvido na universidade, elaboravam as aulas para o secundário, baseados também nos livros didáticos, escritos por professores universitários, produzindo um saber para os diferentes níveis de ensino. Nesse caso, caberia destacar a produção didática do professor Aroldo de Azevedo, que teve seus livros hegemonicamente adotados nas escolas brasileiras, atravessando as décadas de 50 a 70.

Em meados da década de 50, a geografia tradicional, que tentava compreender o espaço geográfico por meio das relações do homem com a natureza, passou a ser questionada em várias partes do mundo e, nas décadas seguintes, também no Brasil; os geógrafos foram em busca de novas teorizações, de novos paradigmas.

As constantes crises ocorridas na economia primária exportadora – mineração, borracha, açúcar de cana, café – associadas às grandes crises do capitalismo mundial (Primeira Guerra Mundial, Depressão econômica de 1929-30 e Segunda Guerra Mundial) foram analisadas por Octavio Ianni revelando as limitações estruturais da dependência econômica do Brasil:

> O surgimento do setor industrial, a expansão do setor terciário, a urbanização e os progressos da divisão social do trabalho (...) puseram em

evidência tanto os limites como as possibilidades do sistema econômico e político brasileiro.[8]

Nos anos 50, houve uma reelaboração nas condições de dependência do país, reintegrando-se o Brasil ao sistema econômico mundial, sob a hegemonia dos Estados Unidos. As classes sociais brasileiras, paulatinamente, passaram a participar dos debates sobre os problemas nacionais, com destaque para os grandes centros urbanos:

> (...) a burguesia industrial, a classe média e o proletariado eram as classes sociais com maior interesse e sensibilidade para o debate sobre o desenvolvimento econômico, industrialização, nacionalismo, emancipação econômica e alguns outros temas correlatos.[9]

O planejamento econômico passou a ser visto como uma das saídas, com a aplicação de novas tecnologias. A realidade tornou-se mais complexa. A urbanização acentuou-se e formaram-se as áreas metropolitanas. O quadro agrário sofreu modificações em função da industrialização e a mecanização das atividades agrícolas tornou-se uma realidade em várias partes do Brasil. As realidades locais, paulatinamente, tornaram-se elos de uma rede articulada em nível nacional e mundial, ou seja, cada lugar deixou de explicar-se por si mesmo como produto de uma longa relação (dialética) histórica entre o homem vivendo em sociedade e o meio natural transformado em meio geográfico pelo trabalho do homem.

O espaço geográfico mundializado pelo capitalismo monopolista tornou-se complexo e as metodologias propostas pela geografia tradicional não eram capazes de apreender essa complexidade.

Foi a partir da Escola Nova e do conhecimento da obra de Jean Piaget, nos anos 60, que os professores tiveram acesso à psicologia da aprendizagem e, paulatinamente, deslocaram o foco do conteúdo para o estudante como o sujeito da aprendizagem. Apesar disso, a produção de pesquisas sobre metodologias de ensino e formação de professores de geografia somente se multiplicariam no final do século xx, observando a ótica das relações professor e aluno mediadas pelo conhecimento.

Os geógrafos tiveram acesso a novas metodologias que permitiram realizar pesquisas sobre o espaço geográfico. O levantamento feito por meio da pesquisa de campo passou a ter o apoio de outros instrumentos e técnicas mais sofisticadas: a aerofotogrametria[10], na década de 60, que antes era monopólio dos exércitos brasileiro e americano; na década de 70, as fotos de satélites usados na meteorologia, mostrando a cobertura do céu, como documentos importantes nos estudos da dinâmica atmosférica, na geomorfologia, na análise do uso do solo urbano e rural; nas décadas de 80 e 90, os programas de computadores e as técnicas ligadas ao sensoriamento remoto.[11]

No entanto, mais importante do que as novas técnicas disponíveis para as análises espaciais foi a reflexão teórico-metodológica intensificada, no Brasil, a partir da década de 70.

O embasamento filosófico, centrado no positivismo clássico e no historicismo, passou a ser questionado pelos geógrafos teoréticos.

No Estado de São Paulo, reuniram-se geógrafos pertencentes ao Departamento de Geografia da Faculdade de Filosofia de Rio Claro, que fundaram uma entidade denominada Associação de Geografia Teorética, Ageteo, e produziram, em 1971, o primeiro *Boletim de Geografia Teorética*[12], influenciados pela geografia que o IBGE desenvolvia no Rio de Janeiro, utilizando procedimentos quantitativos em suas análises.

Com esse boletim os geógrafos de Rio Claro pretendiam dar início à divulgação dos trabalhos de uma corrente desenvolvida principalmente nos países de língua inglesa – Inglaterra, Estados Unidos –, mas também na Finlândia, Suécia e Alemanha, que, em resposta aos questionamentos feitos à geografia, buscavam nos métodos estatísticos e nos modelos matemáticos uma análise, segundo eles, mais rigorosa do espaço.

No editorial do nº 1 do *Boletim de Geografia Teorética*, esse grupo expressou os objetivos da revista:

> Eis uma nova publicação destinada a abordar o tema ciência geográfica. Seu principal objetivo consistirá na divulgação e discussão dos aspectos teóricos da geografia, dando também destaque a técnicas quantitativas que estão empregadas em pesquisas.[13]

No primeiro capítulo, denominado "A geografia teorética", escrito por Antonio Christofoletti e Lívia de Oliveira, os autores apresentaram as bases bibliográficas em que se apoiaram para criar uma corrente geográfica destinada a responder aos questionamentos feitos à geografia sobre a ausência de embasamento teórico e de métodos mais rigorosos para a definição do seu objeto. Demonstraram no artigo que pretendiam tratar de "velhos problemas da geografia sob novos ângulos".

Esses geógrafos acreditavam que o movimento intelectual e científico proposto fosse irreversível e a filosofia do estruturalismo era importante para fundamentar a teoria dos sistemas. Valorizavam os recursos da cibernética, da teoria da informação e das comunicações, assim como as técnicas matemáticas e de simulação, defendendo que o uso desses recursos permitiria não somente explicar o espaço atual, como realizar predições.[14] Esses autores acreditavam que, com essa perspectiva teórica, eliminariam as dicotomias da geografia: em relação ao objeto e ao método.

Essa corrente foi extremamente criticada por geógrafos que buscavam outros caminhos para a compreensão e a explicação do espaço geográfico como resposta aos questionamentos. Teóricos de orientação marxista influenciaram a produção da geografia paulista nos anos 80, ficando os teoréticos restritos a um grupo menor da faculdade de Rio Claro.

Na formação de licenciados para a escola de 1º e 2º graus, teve importância a professora de prática de ensino de geografia de Rio Claro, Lívia de Oliveira, que nas décadas de 70 e 80 foi uma das poucas a produzir textos ligados à metodologia do ensino da geografia e embasá-los na psicologia genética de Piaget. Suas ideias foram divulgadas e discutidas nos cursos da Secretaria da Educação do Estado de São Paulo e em outras instituições do país.

A geografia teorética não teve repercussão direta no ensino fundamental e médio, no entanto medidas ligadas à política educacional do país (torna-se importante lembrar que vivíamos em um regime militar) levaram para as escolas livros com saberes geográficos extremamente empobrecidos em conteúdos escolares, desvinculados da realidade então vivida e descaracterizados pelas propostas de estudos sociais, introduzidos pela Lei 5.692/71, sendo muitos os livros que realizavam colocações de cunho altamente ideológico, valorizando as "grandes obras" dos militares, como as hidrelétricas e as chamadas rodovias de integração, com o fim de continuarem no mercado editorial[15].

Enquanto no âmbito da universidade, na década de 70, os debates acirravam-se em decorrência da busca de novos paradigmas teóricos para a produção da geografia, a escola pública de 1º e 2º graus enfrentava problemas decorrentes da legislação oficial: a criação de estudos sociais com a intenção de eliminar gradativamente a história e a geografia do currículo.

As medidas legais foram tomadas pelo Conselho Federal de Educação e demais órgãos decisórios sobre o ensino, em plena ditadura militar, quando a discussão dos problemas da vida do país estava praticamente ausente ou acontecendo clandestinamente em meios restritos.

A legislação imposta de forma autoritária tinha mesmo a intenção de transformar a geografia e a história em disciplinas inexpressivas no interior do currículo e, ao mesmo tempo, fragmentar os respectivos conhecimentos.

O professor José Bueno Conti, em 1976, já alertava os professores para um problema que enfrentariam em futuro próximo, afirmando que a licenciatura em geografia e história, obtida com tanto sacrifício, estava perdendo o seu significado.

A indefinição do conceito de estudos sociais também é analisada pelo mesmo professor:

> Os estudos sociais correspondem a um setor do currículo, cujo conteúdo é difuso e mal determinado, discutindo-se até mesmo se se trata de uma área de estudo ou de simples disciplina. Ora aparecem como sinônimo de geografia humana, ora usurpam o lugar das ciências sociais ou da história ou então pretendem se impor como uma espécie de aglutinação de todas as ciências humanas.[16]

No final da década de 50, instalou-se o Colégio de Aplicação, instituição solicitada pelos professores de didática da Faculdade de Filosofia, Ciências e Letras da USP para que os licenciandos tivessem possibilidade de realizar estágios com a supervisão dos professores da Universidade de São Paulo.[17]

As classes experimentais do antigo Colégio de Aplicação da Faculdade de Filosofia, Ciências e Letras da Universidade de São Paulo e as escolas vocacionais, da década de 60, visavam associar as práticas escolares a uma reflexão teórica e, portanto, a formar pesquisadores que influenciassem na rede pública do Estado. Foi um projeto de escola que por seus objetivos, organização e condições de trabalho realmente conseguiu formar educadores para as diferentes áreas do conhecimento escolar, apesar de sua efêmera existência. Foi nessa época que os estudos de Jean Piaget se intensificaram e serviram de embasamento teórico para pensar a prática de ensino na escola. Configurava-se assim uma formação do educador-pesquisador em serviço. No entanto, essas escolas foram fechadas, poucos trabalhos escritos restaram dessa época e todas as escolas experimentais passaram a ser escolas comuns da rede pública. Foram fechadas pela polícia durante o governo militar.

A década de 70 foi de grandes mudanças. A LDB permitiu a abertura das escolas superiores particulares e os cursos de licenciatura curta. Embora tenha havido um salto de quantidade em relação à ampliação para oito anos de escolaridade inicial, as verbas para a escola pública continuaram praticamente as mesmas do período anterior.

O professor José Bueno Conti analisou a situação das escolas particulares que, na época, tinham licenciatura em geografia, as quais foram obrigadas a encerrar seus cursos por falta de alunos, pois eles preferiam os cursos de estudos sociais pela possibilidade de a curto prazo obterem o seu diploma e ingressarem no mercado de trabalho.[18]

A comunidade científica ligada aos diferentes ramos das ciências sociais não ficou indiferente à introdução de estudos sociais no 3º grau, houve debates para analisar a situação do ensino em seus diferentes níveis.

Seabra analisou o Projeto de Paulo Nathanael relativo à formação polivalente:

> Não resolve porque a "colcha de retalhos" continua a permear toda a estrutura proposta. Na verdade, particularmente nas habilitações específicas de EMC e OSPB, pois nas específicas de história e de geografia o que ocorre é um flagrante empobrecimento curricular (...) E o simples fato de suprimindo-se formalmente a licenciatura curta estender-se, "especificamente" o tempo de formação do docente não significa que a possibilidade de costurar por mais tempo a colcha de retalhos vá superar o caráter caótico da formação-deformação do professor polivalente.[19]

Seabra, ao realizar essa crítica, não negava a necessidade da integração dos conhecimentos parcelares na estrutura do ensino de 1° e 2° graus, o que ele questionava era a maneira pela qual se pretendia chegar a essa integração no ensino: na polivalência os professores receberiam um "verniz" sobre as diversas ciências, sem que no final do curso tivessem, durante o processo de formação, realizado uma reflexão profunda sobre os fundamentos epistemológicos e metodológicos de cada disciplina.

> (...) retira-se da relação ensinar-aprender sua propriedade fundamental, qual seja, a de não apenas preparar o sujeito para estar no mundo, para refletir passivamente os estímulos a que este submete cada ser humano, mas, sobretudo, prepará-lo para agir no mundo, para participar da construção da futura realidade social em que vive.[20]

O grupo de trabalho considerou que as licenciaturas curtas e depois as plenas de estudos sociais, principalmente em estabelecimentos isolados de 3° grau, acabariam por consagrar estudos sociais como disciplina, quando a ideia da lei era a de "área de estudos". A inclusão de OSPB e EMC, disciplinas impostas pelo governo central, fragmentaram ainda mais os conhecimentos da história e da geografia.

O documento criticava a "polivalência" na formação do professor, não aceitando a alegação oficial da existência de áreas carentes em que somente existiam professores leigos, pois os cursos de licenciatura curta multiplicaram-se justamente nas áreas metropolitanas de São Paulo e do Rio de Janeiro, onde a formação de professores especialistas com licenciatura plena estava em via de atender às necessidades do mercado.

O ensino ministrado nas escolas de 1º, 2º e 3º graus passou a ser alvo de críticas acirradas e a aproximação de parte dos professores do ensino fundamental e médio das associações culturais – AGB e ANPUH – e das universidades contribuiu para minimizar o desconhecimento da produção geográfica e histórica que avançaram no âmbito da universidade, na década de 70, apesar da ditadura militar.

Enquanto as escolas particulares proliferavam, sem condições materiais e humanas de realizar pesquisas, as universidades públicas mantinham o debate sobre a ciência geográfica e o seu ensino. Na França, principalmente no pós-guerra continuando nas décadas seguintes, Pierre George, Yves Lacoste, Bernard Kayser, Guglielmo, Jean Tricart, Jean Dresch buscaram o aprofundamento teórico da geografia, utilizando o materialismo histórico e dialético nessa reflexão.

Em março de 1976, Yves Lacoste escreveu: *La géographie, ça sert, d'abord, à faire la guerra.* No Brasil surgiu uma tradução pirata realizada pela AGB-São Paulo, sob o título *A geografia – isso serve em primeiro lugar para fazer a guerra*, obra que desencadeou debates polêmicos entre os geógrafos das diferentes correntes de pensamento e gerações.

Nesse livro, Lacoste admitia que o Estado ou a grande empresa possuíam uma visão integrada do espaço, por sua intervenção em vários lugares, enquanto o cidadão comum tinha uma visão fragmentada, restringindo-se ao cotidiano, sem informações sobre outras realidades. E mesmo o conhecimento dos locais de moradia ou de trabalho do cidadão era parcial. O Estado, conhecendo o espaço de forma integrada, tinha em mãos importante instrumento de poder. Lacoste reafirmava o "não basta explicar o mundo, é preciso transformá-lo". Esse foi um início, passando a geografia a preocupar-se cada vez mais com o seu conteúdo político, importante na formação do cidadão. Conteúdo esse valorizado na obra de Elisée Reclus, já no século XIX.

No movimento de reflexão sobre a geografia destacou-se o geógrafo francês Pierre George, que introduziu conceitos marxistas na produção de sua obra geográfica.

Algumas das atuais tendências críticas da geografia têm como elemento unificador o materialismo histórico como método de investigação da realidade, buscando superar os diferentes dualismos que a geografia sempre teve desde que se constituiu em um corpo sistematizado de conhecimentos.[21]

Várias propostas se abriram para refletir a geografia de um modo mais crítico. Muitos pensadores não geógrafos auxiliaram nessa reflexão, ao considerar o espaço como categoria central em suas análises. Merecem destaque Manuel Castells, Henri Lefebvre com vasta produção, analisando o espaço urbano criado, fazendo crítica às correntes filosóficas e às análises sociológicas e metodológicas para explicar a vida urbana e rural dentro do contexto do capitalismo, não negando a vida cotidiana e social dos habitantes, fora do trabalho, ainda que o fator econômico possa invadir as práticas espaciais dos habitantes de uma rua, de uma cidade, de um bairro rural; Michel Foucault, ao analisar o espaço do poder e a estruturação de instituições como a escola, a prisão, o hospital, mostrando como são exercidas as relações de poder que não se acham centralizadas apenas no Estado ou no topo da pirâmide social, mas perpassam por todo o corpo social. Nos estudos temáticos que se preocuparam com a análise do urbano cabe destacar o trabalho de David Harvey, *A justiça social e a cidade*, e de Alain Lipietz, com a obra *O capital e seu espaço*.

No Brasil, José de Souza Martins, embasado sobretudo na obra de Henri Lefebvre, tem estudado os problemas dos excluídos da História do Brasil:

> Quem carece de memória histórica – o desenraizado, o migrante, o sem história. Aquele cuja vida foi privada do sentido da duração do tempo, da permanência além da morte. Aquele que vive a falta de História, como carência e privação. Os velhos e os jovens. Aqueles, porque não têm a quem deixar a memória dos fragmentos, por isso mesmo sem sentido. Estes, porque não têm o que herdar. Ambos condenados. Um, ao trabalho que, no fim da vida, mostra-se sem sentido (os frutos do trabalho estão fora de suas mãos e de sua vida; estão em outro lugar). (...) O outro, condenado ao vazio da falta de emprego, de lugar, de perspectiva – sobrante e prematuramente excluído.[22]

Isso para mencionar apenas alguns que influenciaram a produção dos geógrafos em suas variadas orientações metodológicas, mantendo como traço comum o discurso crítico.

Nas décadas de 80 e 90, houve transformações nos conteúdos e nas abordagens da geografia, mas elas não aconteceram de forma linear. Dessa forma, continuaram os embates teórico-metodológicos entre as diferentes correntes do pensamento geográfico: a *New Geography*, a *Geografia tradicional*, a *Geografia crítica*, a *Geografia da percepção*[23].

TENTATIVAS DE RENOVAÇÃO DA GEOGRAFIA ESCOLAR

Os licenciandos egressos sobretudo das universidades públicas ou que acompanhavam os vários eventos da Associação dos Geógrafos Brasileiros participavam dos debates dos geógrafos pertencentes às diferentes tendências da geografia produzidas nas universidades. Nas décadas de 80 e 90, uma importante produção geográfica sobre o ensino foi colocada à disposição dos professores de geografia e dos formadores de professores do país.

Até a década de 70, temos o registro de uma dissertação de mestrado defendida na Geografia, mas hoje esse acervo está muito ampliado. Há teses de doutoramento e de mestrado que versam sobre o ensino de geografia e a formação do professor elaborando significativas reflexões, que merecem ser transformadas em livros e divulgadas para os professores, hoje muito absorvidos pelo cotidiano escolar. Os docentes que moram e lecionam em localidades afastadas dos grandes centros urbanos, onde inexistem universidades públicas ou as raras universidades particulares que realmente realizam a produção de pesquisas científicas, a exemplo das PUCs de São Paulo ou a Universidade Comunitária de Ijuí, no Rio Grande do Sul.

A Secretaria de Educação do Estado de São Paulo ao produzir a proposta curricular de geografia para o 1º grau, após a queda de estudos sociais, e organizar cursos para a capacitação de professores em convênio com as universidades, possibilitou aos professores o acesso às diferentes metodologias ligadas aos movimentos de renovação da geografia. No entanto, apesar desse trabalho, o processo de mudança no ensino dessa disciplina em sala de aula está sendo lento. Em pesquisas realizadas, os docentes atribuem a impossibilidade de mudanças às precárias condições de trabalho oferecidas pelo Estado para as escolas públicas e às constantes reorganizações que impedem a formação de equipes de reflexão, além da existência de docentes formados em outras especialidades lecionando geografia.

A década de 80 destacou-se pela produção de livros didáticos de melhor qualidade, principalmente para o 2º grau; de inúmeros títulos de paradidáticos escritos por professores pesquisadores das universidades paulistas do Rio de Janeiro, Belo Horizonte, Santa Catarina. A presença de pós-graduandos preocupados com a realização de teses, dissertações e artigos sobre a pesquisa no ensino e na formação do professor de geografia e pelo movimento de reorientação curricular no 1º grau, efetivado pela Secretaria Municipal de São Paulo, gestão 89-92, dando destaque à interdisciplinaridade, sem "apelar" para a polivalência, foram avanços na produção científica, fizeram emergir reflexões sobre o ensino da geografia, atingindo o trabalho pedagógico das escolas.

Nessa mesma década, a Associação dos Geógrafos Brasileiros teve papel fundamental na promoção de encontros com o objetivo principal de pensar o ensino de geografia no país. O objetivo seria atingir os docentes das escolas de 1º, 2º e 3º graus, descobrindo meios para minimizar a compartimentação dos conteúdos escolares, a distância do ensino da geografia em relação à realidade social, política e econômica do país e conseguir a maior participação dos docentes das escolas públicas de 1º e 2º graus nos debates que se realizavam no âmbito da universidade.

> O ensino de geografia nas escolas públicas de 1º e 2º graus passa por momentos de grandes dificuldades. Além da degradação geral das condições de ensino e trabalho dos professores, a geografia vê-se diante de um impasse. De um lado, temos nas universidades um movimento crítico em relação às concepções tradicionais da geografia e todo um processo de reformulação que repercute no ensino através do surgimento

de novas propostas curriculares. De outro, encontramos os professores mergulhados em desânimo, dúvidas e frustrações diante de uma escola onde pouco se ensina e aprende.[24]

Com essa perspectiva, foi realizado o I Encontro Nacional de Ensino de Geografia – Fala Professor, em Brasília, contando com aproximadamente duas mil pessoas; esse número refletiu as necessidades e dificuldades dos professores de geografia em saber o que e como ensinar os conteúdos escolares da geografia, nos diferentes níveis de ensino, contribuindo, ao lado de outras disciplinas, para a formação de um cidadão que conheça o seu espaço geográfico e as suas contradições.

A PARTICIPAÇÃO DA AGB NA DISCUSSÃO DAS PROPOSTAS CURRICULARES

Os professores de geografia que, a princípio, solicitavam da CENP-SE uma proposta curricular de geografia, ao tomarem conhecimento do documento, tiveram um impacto diante do seu conteúdo e de pressupostos teóricos, pois, em sua grande maioria, estavam distantes da crítica da geografia ou da crítica às geografias. A AGB-São Paulo propôs-se a contribuir com a explicitação das dificuldades que os professores frequentemente apresentavam.

A explicitação dos pressupostos teóricos e metodológicos foi realizada em diferentes espaços: nos cursos de convênio entre secretarias de Educação e universidades, nos eventos das entidades de classe tais como a Apeoesp e nas associações culturais, como a AGB. Esses canais não oficiais permitiram discussões mais abertas por estarem mais distanciados dos órgãos geradores das propostas.

Durante os encontros, os professores da rede demonstraram as seguintes insatisfações: a ineficácia do ensino da geografia na formação do estudante; o livro didático como única fonte de estudo, detendo as orientações didático-pedagógicas, vulgarizadas de acordo com os interesses de lucro das editoras, levando os alunos a formar conceitos não compatíveis com as transformações que se davam na ciência geográfica.

A proposta da CENP/SEE pressupunha a ruptura com o positivismo clássico, não se limitando à descrição da realidade concreta ou ainda a ruptura com o idealismo teórico. Somente o método dialético, por ser inquietante, poderia colocar em xeque a realidade presente e a que seria herdada pelas futuras gerações e refletir sobre qual futuro que queremos. Através desse método, não se transmitia o conceito ao aluno, mas, a partir da realidade concreta de sua vida, o conceito seria construído.[25]

Os professores sentiram necessidade de discutir conceitos, métodos e novas abordagens teóricas para temas constantemente inseridos nas programações de geografia, muitas vezes não dominados, do ponto de vista teórico. Dentre as problemáticas, destacavam-se o conceito de trabalho, o modo de produção, a questão ambiental, abordagens da natureza e até mesmo o processo de industrialização.

A discussão da proposta promoveu crítica vigorosa ao ensino tradicional da geografia, considerando tanto o método (a transmissão) como a denominada geografia tradicional (corrente lablachiana), descolada da economia, da política e do social, incluindo os movimentos sociais que estavam acontecendo. Atingiu grande número de docentes, oriundos dos variados cursos de geografia tanto das universidades públicas como de algumas das particulares.

Por diversas razões, a proposta da CENP não foi implantada nas escolas da rede pública como seus elaboradores almejavam, e não pretendemos polemizar aqui, no entanto o fato constituiu-se em documento-referência discutido e avaliado em cursos de licenciatura e na disciplina de prática de ensino de várias universidades, despertando em muitos docentes a busca pela pós-graduação, ao tomar consciência da importância de teorizar a própria prática.

Nos anos 80 e 90, criou-se um acervo de dissertações e teses sobre o ensino e a aprendizagem da geografia, com destaque para algumas linhas de pesquisa. Uma das linhas que aglutina o maior número de trabalhos versa sobre o instrumento de trabalho mais utilizado em sala de aula: o livro didático.

Uma segunda linha, iniciada pelo Departamento de Geografia da Faculdade de Filosofia, Letras e Ciências Humanas da USP, refere-se à educação cartográfica. Maria Elena Simielli defendeu em 1986 a primeira tese de doutorado sobre o ensino de geografia tendo como núcleo a cartografia. Simielli abriu caminho para várias pesquisas sobre o desenvolvimento da representação gráfica e cartográfica na criança, tendo como embasamento teórico o desenvolvimento psicogenético na infância, segundo Jean Piaget.

Antes dos anos 80, foram produzidas pesquisas sobre o ensino da geografia pelos professores de prática de ensino dessa disciplina e podemos mencionar a professora Amélia Americano Domingues de Castro (metodologia da história e de geografia), Newton Balzan (o estudo do meio nas escolas vocacionais), Lívia de Oliveira (cartografia para crianças) e Bernardo Issler (estudos sociais no ensino fundamental).

Nos anos 90, um grande número de pesquisas em ensino tanto na Faculdade de Educação da USP como no Departamento de Geografia da FFLCH-USP foi concluído ou estava em processo de fase de conclusão. Embora predominem as pesquisas sobre livros didáticos e educação cartográfica, começa a haver uma certa tendência à diversificação: educação ambiental na visão do geógrafo; o ensino da geografia e os métodos interdisciplinares; o desenvolvimento de conceitos como o de paisagem, a linguagem das imagens na construção de conceitos, a importância do vídeo em sala de aula etc.

Apesar de São Paulo continuar a concentrar a produção de pesquisas sobre o ensino e a aprendizagem da geografia, outros centros urbanos começam a despontar, sobretudo em universidades estaduais e federais do Centro-Sul do País: Campinas, Presidente Prudente, Rio Claro, Rio de Janeiro, Goiânia, Florianópolis, Porto Alegre, Ijuí, Belo Horizonte, Uberlândia, Curitiba, para citar apenas alguns.

Vivemos mudanças sérias que afetam a vida da escola e de seus principais agentes sociais: aluno e professor. A implantação da Nova LDB, os parâmetros curriculares nacionais, com os temas transversais, a reorganização das escolas dos antigos 1° e 2° graus, separando os diferentes níveis de ensino de escolas, o Saresp, ou seja, a "recuperação" de alunos nas férias, a reorganização da grade curricular que diminuiu o número de aulas de geografia, história, ciências, o preconceito em relação à escola pública. São decisões dos governos centrais que estão afetando o todo da escola e também o ensino da geografia.

O TRABALHO PEDAGÓGICO NA DISCIPLINA ESCOLAR GEOGRAFIA

Como encaminhar um trabalho pedagógico na disciplina geografia que permita ao aluno assumir posições diante dos problemas que enfrenta ou enfrentará no âmbito da família, do trabalho, da escola e de qualquer instituição da qual participe ou que poderá vir a participar, aumentando o nível de consciência a respeito de suas responsabilidades e de seus direitos sociais?

De que maneira o professor especialista em geografia poderá integrar-se aos companheiros para realizar um trabalho pedagógico de relevância para o próprio estudante?

Alguns aspectos merecem ser destacados:

O DOCENTE DOMINA O CONHECIMENTO GEOGRÁFICO A SER ENSINADO

Essa é a primeira condição para que o professor desempenhe bem o seu papel. No entanto, o modelo que definia apenas a competência do professor pelo saber acadêmico está superado, pois há necessidade de outras competências para desenvolver bem a sua prática pedagógica. Conhecimentos na área da psicologia de aprendizagem, da psicologia social, da história da educação, da história da disciplina geográfica, de linguagens e métodos a serem utilizados em sala de aula. Tudo isso deve fazer parte do acervo cultural e profissional do professor de geografia.

O trabalho do professor do ensino fundamental e médio é complexo, pois, além de realizar a leitura do espaço geográfico, ou dos espaços geográficos, precisa fazer a leitura da realidade específica de seus alunos e daquilo que eles conhecem sobre o espaço geográfico;

compreender de onde se originaram seus conhecimentos e suas representações, frutos da vivência, do senso comum. Que conhecimentos podem se traduzir em "não conhecer" ou falso conhecimento. Só então o professor estará apto a propor problemas desafiadores de caráter geográfico para a ânsia de conhecimento que a criança e o adolescente possuem mas que, muitas vezes, não têm a oportunidade de externar na escola, em decorrência dos métodos passivos utilizados pelo docente.

Faz-se necessário questionar os conteúdos geográficos que estão sendo ensinados e os métodos utilizados perguntando-se sempre se o saber transmitido está realmente a serviço do estudante. Em relação a esse aspecto do ensino-aprendizagem da geografia, devemos estar sempre atentos:

> (...) problematizar os conhecimentos que servem de referência para o saber a ser ensinado. O saber deve ser bem compreendido como um "construto" em contínua constituição e redefinição, entendido como um produto histórico elaborado. O docente de geografia deve ser capaz de mostrar como esse saber inscreve-se em uma problemática bem definida.[26]

O conhecimento produzido na universidade, fundamentado em pesquisas de campo, de laboratório, bibliográficas e dominado pelo professor deve constituir o instrumental teórico a ser elaborado, recriado para transformar-se em saber escolar, ou seja, em saber a ser ensinado:

> (...) o saber que se torna objeto de ensino na escola não é o saber universitário simplificado, é um saber transformado, recomposto, segundo um processo que trata de dominar ao máximo, evitando simplificações que deformam os conhecimentos ou que provocam desvios.[27]

As escolhas devem ser feitas no universo de conhecimentos estudados na universidade e a necessidade de levar em conta a estrutura da própria disciplina, de rever e produzir um outro saber que considere a essência do pensamento geográfico e estudá-lo em sua essência com o público específico de alunos, considerando as faixas etárias e as classes sociais a que os alunos pertencem, além das condições culturais e econômicas:

A transposição leva em conta a essência da estrutura da disciplina, de suas noções e conceitos estruturantes, de suas escolhas metodológicas e das exigências de se adaptar a linguagem ao público endereçado, escolhendo as situações problemas e o nível de complexidade das soluções.[28]

DOMÍNIO DO MÉTODO DE CONSTRUÇÃO DA GEOGRAFIA

O domínio do método do geógrafo e das técnicas mais utilizadas é condição indispensável para que o estudante possa construir o conhecimento geográfico. O docente de geografia precisa propor atividades para desenvolver o raciocínio geográfico em alunos de 1° e 2° graus; como pensar o espaço geográfico, como dialogar com esse espaço a partir de referenciais apreendidos na pesquisa. O aluno precisa apropriar-se dos métodos de análise do espaço geográfico conhecidos e desenvolvidos pelos geógrafos. O domínio desses métodos por parte dos estudantes do ensino fundamental e médio permite a compreensão de espaços diferentes dos estudados no âmbito escolar. O estudante apreende métodos de análise que podem ser aplicados a outros espaços, em um mesmo tempo ou a espaços diferentes em outros tempos.

Há críticas às propostas curriculares prontas e até mesmo fechadas, pois o professor, ao desenvolver seu trabalho pedagógico com a geografia, pode estar construindo o currículo na sala de aula e na escola junto com os docentes e alunos:

> (...) sendo assim, a geografia não deve ser ensinada como mera transmissão de programas já prontos, em geral fragmentados e planejados arbitrariamente.[29]

As condições de existência dos próprios alunos e seus familiares são ponto de partida e de sustentação que podem garantir a compreensão do espaço geográfico, dentro de um processo que vai do particular ao geral e retorna enriquecido ao particular. Enfim, propiciar aos alunos a vivência de um método de trabalho que possa ser usado em diferentes situações, para que eles, gradativamente, adquiram autonomia no processo de produção do conhecimento, é um aspecto importante que o educador deve buscar.

CONHECIMENTO DE DOCUMENTOS E LINGUAGENS APLICADOS À APREENSÃO DO CONHECIMENTO GEOGRÁFICO

O professor precisa dominar os documentos diversificados que sustentaram a constituição do saber geográfico e lhe deram validade científica: desde as pesquisas empíricas, os inventários, os vídeos e a sua divulgação pelos geógrafos responsáveis pela história da ciência geográfica, até o instrumental utilizado na produção desse conhecimento, desde os mais convencionais, como o mapa, a carta geográfica, o gráfico e a tabela, até os mais recentes, como os levantamentos dos espaços territoriais feitos por sensoriamento remoto e os recursos oferecidos pela informática, que já começam a se expandir como auxiliares da pesquisa geográfica.

A utilização de diferentes linguagens na geografia (obras literárias, cinema, vídeos, fotografias) pode auxiliar na compreensão e crítica da produção do espaço, se o seu uso como mera ilustração for superado.

A QUESTÃO DAS ESCALAS

A consciência da importância da escala em que se trabalha em geografia é fundamental. Não se consegue trabalhar em apenas uma escala ou, se isso acontecer, o professor terá dificuldade de contribuir para a compreensão da totalidade da problemática espacial. Se ele estiver trabalhando na escala mundial, sem correlação com os problemas espaciais que dizem respeito ao cotidiano do aluno, o estudo da geografia pode permanecer abstrato e o estudante não terá condições de compreender seu próprio espaço. Se, ao contrário, estudar o espaço geográfico da cidade ou do bairro em que mora e desconsiderar a relação com espaços de dimensões maiores, chegará a explicações restritas, insuficientes para a compreensão da totalidade daquele espaço.

O professor precisa ter consciência da escala em que está produzindo a geografia com seus alunos: local, regional, nacional ou internacional, pois, como vivemos em uma sociedade desigual do ponto de vista social e econômico, esse aspecto torna-se importante, já que cada parcela do espaço geográfico não se explica por si mesma. O estudo de qualquer parte da realidade não deve se restringir aos seus limites, mas estar inserido no interior de um contexto maior que é social, político, econômico e espacial.

Desse modo, o jogo racional das escalas é importante para a compreensão entre os fenômenos sociais da mesma escala e a sua articulação com escalas de outras dimensões.

A LEITURA ANALÍTICA DO ESPAÇO GEOGRÁFICO

O educador precisa saber realizar a leitura analítica do espaço geográfico e chegar à síntese, criando situações no interior do processo educativo para favorecer as condições necessárias ao entendimento da geografia como uma ciência que pesquisa o espaço construído pelos homens, vivendo em diferentes tempos, considerando o espaço como resultado do movimento de uma sociedade em suas contradições e nas relações que estabelece com a natureza nos diversos tempos históricos.

A BUSCA DA INTERDISCIPLINARIDADE

Um último aspecto a ser lembrado refere-se à busca da interdisciplinaridade, o que requer mudança na postura do professor de geografia em relação a um trabalho que o aproxime das demais disciplinas, o que pode permitir o aprofundamento das noções e conceitos básicos sobre o espaço geográfico. A integração de temas e a relação de metodologias selecionadas pela própria escola que possibilitem um raciocínio sobre o espaço geográfico em interação com a história, a matemática, a literatura, a biologia e a química permitirão uma melhor compreensão da própria disciplina escolar geografia.

UM MUNDO DE MUDANÇAS A SER SUPERADO

Vivemos mudanças sérias que afetam a vida da escola e de seus principais agentes sociais: aluno e professor. A implantação da Nova LDB, os parâmetros curriculares nacionais, com os temas transversais, a reorganização das escolas dos antigos 1º e 2º graus, separando os diferentes níveis de ensino de escolas, o Saresp, a recuperação de alunos nas férias, a reorganização da grade curricular que diminuiu o número de aulas de geografia, história, ciências, o preconceito em relação à escola pública.

No entanto algo ocorreu em 1998 no campo da educação e do ensino da geografia representado pelos concursos estaduais e municipais que podem efetivar importante parcela dos docentes contratados de forma precária, além de colocar os professores em contato com uma bibliografia de autores responsáveis pela produção da geografia na atualidade. A Associação dos Geógrafos Brasileiros pode, com seus encontros e congressos e principalmente com o "Fala, professor", auxiliar a levantar a autoestima do professor de geografia e a conquistá-lo para que a pesquisa penetre em sala de aula.

O elenco de dissertações e teses apresentado na bibliografia, constitui um repertório que precisa ser colocado ao alcance do professor de geografia e apenas pelas atividades conjuntas poderemos descobrir formas criativas de fazê-lo. As universidades e as AGB nacional e as locais constituem espaços para essa produção. São mudanças que vão exigir um esforço intelectual e de verdadeira prática social de docentes dos vários níveis de ensino para dar à geografia e ao espaço social chamado Escola um papel real que promova a superação desse momento de transição em benefício da formação das crianças e dos jovens do nosso país.

NOTAS

1. Azevedo, Aroldo. A geografia em São Paulo e sua evolução. *Boletim Paulista de Geografia*, Nº 16, São Paulo-AGB, 1954, pp. 45-65. Número especial dedicado a trabalhos sobre o Estado de São Paulo, em comemoração ao IV Centenário da Cidade, contendo artigos transcritos de matéria da edição também especial do Jornal *O Estado de S. Paulo*, 25 de janeiro de 1954.
2. Nadai, E. São Paulo, 191, p.128. As escolas superiores desenvolveram ainda um bem articulado discurso, no qual procuraram clarificar o perfil de cada um dos seus profissionais, colocando-os como "soldados responsáveis pela superação do atraso, da ignorância e da rotina", enfim, como responsáveis pela "arrancada do progresso" e pelo "despertar do gigante adormecido", o que seria realizado pelo apoio da ciência, da racionalidade e da tecnologia.
3. Na conclusão do artigo Azevedo e Silveira, BPG nº 3, p. 83, lê-se: Do exame dos programas das três cadeiras de geografia, já realizados ou em elaboração, dentro do departamento depreende-se a importância que nele se dá aos estudos regionais, considerados como a expressão mais fiel da paisagem geográfica. Por isso mesmo, não é de hoje que os seus professores vêm pleiteando a criação, em caráter autônomo, de uma quarta cadeira – A geografia regional (...).
4. Prevé, Orlandina da Silva Damian. *A participação do Boletim geográfico do IBGE na produção da metodologia do ensino da Geografia-SP*, Faculdade de Educação Unicamp, Campinas, 1988 (Dissertação de Mestrado). A autora analisa o papel do IBGE no ensino e na formação dos professores de geografia.
5. Azevedo, A. *BPG* nº.1, 1949, p. 2.
6. Petrone, Pasquale. Geografia humana do Brasil. *História das ciências no Brasil.* São Paulo: EPU/Edusp, 1979, p. 305.
7. Seabra, Manoel F. G. Geografia(s)? *Revista Orientação, nº* 5. São Paulo: Instituto de Geografia-USP, outubro de 1984.
8. Ianni, Octavio. *Estado e planejamento econômico no Brasil (1930-1970).* Rio de Janeiro: Ed. Civilização Brasileira, 1977, p. 59.
9. Ianni, Octavio, 1977, p. 110.
10. Técnica para fotografar a superfície terrestre, por avião, permitindo um levantamento global do terreno com os elementos físicos e humanos nele existentes: cidades, estradas, topografia, rios, boçorocas etc.
11. Técnica de mapeamento das condições da superfície terrestre por meio de imagens captadas por aviões ou satélites artificiais, equipados com sensores sensíveis aos raios infravermelhos. Por meio dessa técnica, obtêm-se documentos fundamentais para o conhecimento das diferentes feições, apresentando-se em mosaicos da organização humana do espaço. Os chamados documentos por falsas cores resultam de bandas espectrais que valorizam diferencialmente feições da superfície terrestre. Apenas para exemplificar, a imagem de uma área urbana quase sem poluição tem cor diferente de outra com intensa poluição, o mesmo ocorrendo com as águas de rios ou lagos.

12. A Fundação IBGE foi pioneira na produção de artigos de caráter geográfico utilizando métodos matemáticos. Essas análises quantitativas podem ser lidas nos diferentes números da *Revista Brasileira de Geografia* dos anos 70, no entanto destacamos a Separata da Revista acima mencionada ano 34 n°s 1/4-1972, Rio de Janeiro, e recomendamos a leitura da Apresentação feita por Ney Strauch, diretor do Departamento de Documentação e Divulgação Geográfica e Cartográfica para essa separata.

13. *Boletim de Geografia Teorética:* nº 1, Rio Claro: Ageteo, 1971, p. 3.

14. *Boletim de Geografia Teorética*, nº 1, pp. 11-12.

15. CONTI, José Bueno. A reforma do ensino em 1971 e a situação da geografia. *Boletim paulista de geografia*, nº 51, jun. 1976, p. 57.

16. CONTI, 1976, p. 58.

17. NADAI, Elza, 1991, p. 205. (...) instituição ansiosamente solicitada pelos professores responsáveis pela "cadeira de didática" que deveria coordenar o cumprimento de atividades de estágio – desde a extinção do Instituto de Educação e, principalmente, depois que o governo federal definiu legalmente a possibilidade de sua criação junto às faculdades de filosofia, como campo da formação prática dos licenciandos. Prevista sua criação em 1946, a Universidade de São Paulo o instalou somente em 1956/57; em 1960/61 foram instaladas "classes experimentais" (...) foi desligado da faculdade em 1968/69.

18. (...) a geografia como disciplina escolar entrou em declínio em virtude da orientação imposta ao sistema educacional, objetivando valorizar os conhecimentos técnicos em detrimento da formação humanística. Inúmeras escolas superiores, que durante anos consecutivos formaram centenas de licenciados, estão agora encerrando suas atividades por falta de clientela. Em 1972, no Estado de São Paulo, mantinham cursos de licenciatura plena em geografia os seguintes Institutos de Ensino Superior: Universidade de São Paulo, Pontifícia Universidade Católica de São Paulo, FFCL "Camilo Castelo Branco" (Capital), FFCL de Araçatuba, FFCL "Sagrado Coração de Jesus", de Bauru, Pontifícia Universidade Católica de Campinas, FFCL de Catanduva, FFCL de Franca (Estadual), FFCL de Guarulhos, FFCL de Jaú, Faculdade "Auxilium" de Lins, Faculdade Salesiana de Lorena, FCL de Ourinhos, FFCL de Piraju, FFCL da Alta Sorocabana (Presidente Prudente), FFCL de Presidente Prudente (Estadual), FFCL "Barão de Mauá" (Ribeirão Preto), FFCL "Moura Lacerda" (Ribeirão Preto), FFCL de Rio Claro (Estadual), FFCL de Santa Cruz do Rio Pardo e FFCL de Sorocaba. Apenas dois anos depois, em 1974, o panorama havia mudado sensivelmente e, em quase todos esses institutos, a geografia passou a ser substituída pelos estudos sociais. (CONTI, 1976, pp. 65-66).

19. SEABRA, 1981, p. 124.

20. SEABRA, 1981, p. 125.

21. Existem outras correntes críticas na análise geográfica apoiadas no existencialismo, na fenomenologia ou mesmo no anarquismo.

22. MARTINS, José de Souza. *Subúrbio*. São Paulo: Hucitec/Prefeitura de São Caetano do Sul, 1992.

23. OLIVEIRA, Ariovaldo Umbelino. A Geografia no Ensino Superior e Tendências. *Revista Orientação*, nº 5. São Paulo: Instituto de Geografia, USP, 1984.

24. AGB, São Paulo, abril de 1987, p. 4.

25. OLIVEIRA, A. U. *Boletim, AGB-São Paulo*, 1987, pp. 19-20.

26. MARECHAL, Jean. La Professionalité de l'enseignante: nouveau Sésame pour le systeme éducatif? "La Formation aux Didactiques". INPR – *Cinquième Rencontre Nationale sur les Didactiques de la Géographie, des Sciences Sociales*. Paris: INPR, Mars 1990, p. 40.

27. MARECHAL, Jean. Paris: 1990, p. 47.

28. MARECHAL, Jean. Paris: 1990, p. 48.

29. Secretaria Municipal de Educação, São Paulo: *Geografia, visão de área*, SME-São Paulo, 1991, p. 11.

BIBLIOGRAFIA

ALMEIDA, Rosângela Doin de. *Uma proposta metodológica para a compreensão de mapas geográficos*. (Doutorado). São Paulo: FEUSP, 29/09/94.

AZAMBUJA, Leonardo Dirceu de. *A construção de uma prática de ensino em geografia no 1º grau*. (Mestrado) Universidade Federal de Santa Catarina, Florianópolis, 1990.

BACELLAR, Marília Gomes de Oliveira. *A nova proposta de geografia para a 6ª série do 1º grau do município do Rio de Janeiro: elaboração e validação de documento de apoio*. (Mestrado). Universidade Federal do Rio de Janeiro, Rio de Janeiro, 1985.

BALLASSINI, Cinyra. *O menor entre a escola e o trabalho na periferia paulistana: o caso do Jardim Peri*. (Mestrado). Departamento de Geografia-FFLCH-USP, São Paulo: 1988.

BALZAN, Newton Cesar. *Estudos sociais*. (Doutorado). Faculdade de Filosofia, Ciências e Letras, Presidente Prudente, 1973.

BATISTA, Marilza Lima. *Análise de ensino: perfil dos licenciandos de geografia*. (Mestrado). Universidade Federal Fluminense, Niterói, 1982.

BITTENCOURT, Circe Maria Fernandes. *Livro didático e conhecimento histórico: uma história do saber escolar*. (Doutorado). Departamento de História FFLCH-USP, São Paulo, 1993.

BRITO, Celso Roberto de. *Osasco espaço, tempo e técnica*. (Mestrado). Departamento de Geografia-FFLCH-USP, São Paulo, 20/12/96.

CACETE, Nuria Hanglei. *A licenciatura em geografia na faculdade privada: o exemplo da Faculdade Teresa Martin*. (Mestrado). Departamento de Geografia- FFLCH-USP, São Paulo, 1992.

CALIXTO, Maria Cristina Cavalcanti. *Sobre o ensino de geografia na escola de 1º grau: uma contribuição à formação de professores de 5º a 8º séries*. (Mestrado). Pontifícia Universidade Católica de São Paulo, São Paulo, 1985.

CALVENTE, Maria Del Carmen Matilde Huertas. *No território do azul-marinho. A busca do território caiçara*. (Mestrado.) Departamento de Geografia, FFLCH-USP, São Paulo, 1993.

Campos, Antonio Pedro de Souza. *A contribuição da geografia no planejamento educacional* (Mestrado). Departamento de Geografia, FFLCH-USP, São Paulo: 1972.

Carneiro, Sonia Maria Marchiorato. *O trabalho de campo e o estudo de laboratório: importância e viabilidade no ensino de geografia segundo posicionamento de professores, das escolas de 1º e 2º graus de Curitiba.* (Mestrado.) Universidade Federal de Curitiba, Curitiba: 1987.

Cavalcanti, Lana de Souza. *A construção de conceitos geográficos no ensino – Uma análise de conhecimentos geográficos em alunos de 5º e 6º séries do ensino fundamental.* (Doutorado). Departamento de Geografia- FFLCH-USP, São Paulo, 1996. Colesanti, Marlene Teresinha de Muno. *O ensino de geografia através do livro didático: no período de 1890 a 1971.* (Mestrado.) Universidade Estadual Paulista Júlio de Mesquita Filho, Rio Claro, 1984.

Cruz, Maria Tereza Souza. *A geografia na escola de 1º grau: uma proposição teórica sobre a aprendizagem de conceitos espaciais.* (Mestrado). Universidade Estadual de São Paulo, Rio Claro, 1982.

Diniz, Maria do Socorro. *Do espaço vivido ao ensinado: o desafio da geografia no 1º grau.* (Mestrado). Pontifícia Universidade Católica do Rio de Janeiro, Rio de Janeiro, 1989.

Eilert, Vera Brenner. *Adoção de inovação no ensino da geografia.* (Mestrado). Universidade Federal de Santa Maria, Santa Maria-RS, 1981.

Florez vasquez, Lerme Irene. *Avaliação das disciplinas de formação pedagógica da área de história e geografia da Universidade Nacional Federico Vilarreal Lima-Peru.* (Mestrado). Universidade de Brasília, Brasília, 1984.

Franco, Maria Madalena Alencar. *O livro didático de geografia do Brasil: análise das bases teóricas: numa visão dialética: caso da Amazônia.* (Mestrado). Universidade Federal do Ceará, Fortaleza, 1990.

Gebran, Raimunda Abou. *Como o rio não cabia no meu mapa, eu resolvi tirá-lo: o ensino da geografia nas séries iniciais do* 1º *grau.* (Mestrado). Faculdade de Educação, Unicamp, Campinas, 1990.

______. *Oba, hoje tem geografia! – O espaço redimensionado da formação-ação.* Faculdade de Educação da Universidade Estadual de Campinas, Campinas, 1996.

Hadschunch, Nilbiamater Silsear Berlese. *Comparação de estratégias para alcançar rendimento em geografia.* (Mestrado). Universidade Federal do Rio Grande do Sul, Porto Alegre, 1976.

Hofling, Eloisa de Mattos. *Análise do conceito de cidadania veiculado nos livros de estudos sociais do 1º grau.* (Mestrado). Faculdade de Educação, Unicamp, Campinas, 1980.

Issler, Bernardo. *A geografia e os estudos sociais.* (Doutorado). Unesp, Presidente Prudente, 1973.

Jacobs, Casimiro Medeiros. *Competências em geografia: estudo comparativo entre geógrafos e professores de geografia de 1º e 2º grau.* (Mestrado). Universidade Federal do Rio Grande do Sul, Porto Alegre, 1982.

Leonel, Zelia. *Geografia: do discurso pedagógico a uma questão anterior a qual-*

quer discussão (crítica à ciência geográfica). (Mestrado). São Carlos, 1985.

MALDANER, Maridalva Bonfanti. *A geografia como conhecimento crítico da realidade.* (Mestrado). Faculdade de Educação, Unicamp, Campinas, 1983.

MENDONÇA, Sandra Mendonça. *Contribuição do ensino de geografia para a construção da autonomia e do conhecimento na escola de 1º e 2º graus.* Departamento de Geografia da Faculdade de Filosofia, Letras e Ciências Humanas da Universidade de São Paulo, 1997.

NEIS, Antonio Carlos Rizzo. *Espaço e educação: a geografia das escolas.* (Mestrado). Faculdade de Educação, Universidade Federal do Rio Grande do Sul, Porto Alegre, 1988.

OLIVEIRA, Christian Dennys Monteiro de. *Qual o sentido de ensinar geografia? Um estudo do fenômeno geográfico para a formação da espacialidade.* (Mestrado). Departamento de Geografia, FFLCH-USP, São Paulo, 1993.

OLIVEIRA, Lívia de. *Contribuições ao ensino da geografia.* (Mestrado). Ffcla-Unesp, Rio Claro, 1967.

________. *Estudo metodológico e cognitivo do mapa.* (Doutorado). IG-USP, São Paulo, 1978.

PAGANELLI, Tomoko Iyda. *Paisagem, uma decifração do espaço-tempo social – As representações da paisagem da cidade do Rio de Janeiro.* (Doutorado). Departamento de Geografia da Faculdade de Filosofia, Letras e Ciências Humanas-USP, São Paulo, 1998.

PASSINI, Elza Yasuko. *Espaço: percepção e representação no livro didático.* (Mestrado). Faculdade de Educação, USP, São Paulo, 1989.

PEREIRA, Diamantino Alves Correa. *Origens e consolidação da tradição didática na geografia escolar brasileira.* (Mestrado). Departamento de Geografia, FFLCH, USP, São Paulo, 1990.

PEREIRA, Raquel Maria Fontes do Amaral. *Da geografia que se ensina à gênese da geografia moderna.* (Mestrado). Universidade Federal de Santa Catarina, Florianópolis, 1988.

PIMENTA, Marita Silva. *Análise da estrutura curricular do curso de geografia da UERJ.* 2 vols. (Mestrado). Centro de Educação e Humanidades, UERJ, Rio de Janeiro, 1985.

POLONI, Delacir Aparecida Ramos. *A escola rural no contexto da agricultura paulista: uma escola desejada...* (Mestrado). Departamento de Geografia-FFLCH-USP, São Paulo, 1991.

PONTUSCHKA, Nídia Nacib. *A formação pedagógica do professor e as práticas interdisciplinares.* (Doutorado). Faculdade de Educação da USP. São Paulo, 1994.

PREV, Orlandina da Silva Damian. *A participação do* Boletim geográfico *do IBGE na produção da metodologia do ensino da geografia.* (Mestrado). Faculdade de Educação, Unicamp, Campinas, 1988.

RAMIRES, Regina Rizzo. *Cartografia e cognição:* aspectos da aprendizagem do mapa no início do processo de escolarização. (Mestrado). Departamento de Geografia da FFLCH-USP, São Paulo, 1996.

RESENDE, Marcia Maria de. *Integração do espaço real com o espaço geográfico na escola de 1º grau: (um estudo exploratório).* (Mestrado) Universidade Federal de Minas Gerais, Belo Horizonte, 1983.

RIBEIRO, Luiz Antonio de Moraes. *O estudo da população nos livros didáticos de geografia para 5ª Série*. (Tese de doutoramento). Departamento de Geografia, FFLCH, São Paulo, 1987.

ROCKENBACH, Denise. *A geografia urbana no livro didático*. (Mestrado). Departamento de Geografia, FFLCH-USP, São Paulo, 1993.

RUA, João. *Em busca da autonomia e da construção do conhecimento: o professor de geografia e o livro didático*. (Mestrado). Departamento de Geografia, FFLCH-USP, São Paulo: 1992.

RUFINO, Sonia Maria Vanzella Castelar. *A distinção palavra-objeto e a representação do espaço geográfico por alunos da 5ª à 8ª série*. (Mestrado). Faculdade de Educação, USP, São Paulo, 1989.

SALVADOR, Maria Suemi. *A aprendizagem do aluno adulto trabalhador em uma sociedade letrada*. (Mestrado). Faculdade de Educação da Universidade de São Paulo, São Paulo, 1997.

SCHRÖTER, Louisa C. F. *Dando nomes aos bois – Uma proposta de inserção da geografia nas séries iniciais do 1º grau, a partir do estudo do meio*. (Mestrado). Universidade Federal de Santa Catarina, Florianópolis, 1997.

SIMIELLI, Maria Elena Ramos. *O mapa como meio de comunicação: implicações no ensino de geografia do 1º grau*. (Tese de doutoramento). Departamento de Geografia, FFLCH, USP, São Paulo, 1987.

SIMÕES, João Elson Ribas. *A individualização do ensino através de fichas didáticas como fator de melhoria do rendimento dos alunos-detentos do presídio regional de Santa Maria-RS*. (Mestrado). Universidade Federal de Santa Maria, Santa Maria-RS, 1985.

SOUZA, Nedier Silva de. *Proposta de conteúdo programático para a geografia de 5ª a 8ª série do 1º grau*. (Mestrado). Unesp, Rio Claro, 1988.

VLACH, Vania Rubia Farias. *A propósito do ensino de geografia: em questão, o nacionalismo patriótico* (Mestrado). FFLCH-USP, São Paulo, 1988.

ZANATA, Beatriz Aparecida. *A relação conteúdo-método no ensino de geografia – Estudo sobre o desenvolvimento da ciência geográfica e sua repercussão em propostas de ensino no Brasil – Período 1978-1990* (Mestrado). Faculdade de Educação da Universidade Federal de Goiás, Goiânia-GO, 1996.

A CIDADE E AS FORMAS DO COMÉRCIO

*Silvana Maria Pintaudi**

As formas do comércio varejista nas cidades e também os padrões de sua localização urbana vêm sofrendo modificações através do tempo. A análise das formas comerciais, cuja natureza é social, bem como a de suas transformações, que têm durações desiguais, revelam-nos contradições internas das categorias espaço e tempo materializados em objetos sociais.

A história da cidade, particularmente sob o capitalismo, demonstra que ela ganhou e perdeu várias funções ao longo do seu desenvolvimento. Até o século XIX, de um modo geral, a cidade viveu impregnada pelo campo e suas atividades; depois, com a industrialização, tornou-se um lugar onde a concentração de atividades fabris foi mesmo indicativa do desenvolvimento da sociedade; porém, as condições de produção continuaram a se transformar e este último quartel do século XX presencia o que se tem denominado de "desindustrialização da cidade", ou seja, a indústria deixa as metrópoles, as cidades, em direção a locais que, de qualquer maneira, estão próximos, é bem verdade, pois a elas se ligam por via terrestre, marítima ou aérea (inclusive por satélites). Mas as atividades comerciais e de serviços, embora

* Professora assistente doutora do Departamento de Planejamento Regional do Instituto de Geociências e Ciências Exatas da Universidade Estadual Paulista, Unesp, campus de Rio Claro (SP).

com transformações, permanecem ali, pois são constitutivas do modo de vida urbano e, portanto, da forma urbana, mesmo quando aparecem em locais como as rodovias. Assim, entendemos que a análise do comércio permite uma melhor compreensão do espaço urbano, na medida em que comércio e cidade são elementos indissociáveis, como podemos comprovar historicamente. Contudo, cabe esclarecer essa escolha, mesmo porque as escolhas implicam consequências metodológicas.

Desde logo concordamos com Roncayolo (1996, p. 31), quando escreve que "o tema é em si mesmo parcial, mas pode, pelas relações supostas ou descobertas, revelar bem mais que ele mesmo e ordenar uma reflexão mais geral."[1]

Assim, apesar de o tema destacar o comércio, entendemos que o estudo é necessário, se considerarmos que a atividade comercial pertence à essência do urbano e seu aprofundamento nos permite um melhor conhecimento desse espaço e da vida na cidade.

E por que analisar suas formas? Porque a forma, qualquer que seja ela, implica um espaço. Segundo Focillon (1988, p. 31):

> As formas não (são) seu próprio esquema ou a sua representação desencarnada. A sua vida existe num espaço que não é o quadro abstracto da geometria; corporiza-se na matéria, através da mão do Homem e com a ajuda dos instrumentos. É apenas nesse contexto que elas existem, quer dizer, num mundo substancialmente concreto, substancialmente diverso. Uma forma pode conservar a mesma medida, mas muda de qualidade segundo a matéria, o instrumento e a mão.

Ainda que o autor esteja fazendo referência à forma da obra de arte, sua reflexão é pertinente para a consideração de qualquer coisa produzida pelo homem – a cidade, por exemplo, que

> Antes de ser uma obra de arte, como sugere felizmente Henri Lefebvre, a cidade e mesmo seus espaços urbanos novos, que levam a nos interrogarmos sobre o esfacelamento da cidade, são obras (Roncayolo, 1996, p. 35).[2]

A produção de uma forma implica concepção e uma técnica que a viabilize materialmente e essa é uma razão da vida da forma, pois, segundo Focillon (1993), o princípio de toda técnica não é a inércia, mas a ação. A forma espacial tem uma "inércia dinâmica" (expressão cunhada por Milton Santos) e é condição de reprodução da sociedade. Para Roncayolo (1996, p. 35):

> Uma sociedade trabalha sobre um material, esta noção recobrindo todas as qualidades que se empresta ao terreno, inclusive as qualidades físicas: mas ela se revela a si mesma através do seu trabalho; por sua vez, a cidade adquirida se torna material, às vezes rebelde, sobre o qual se exercem novas forças. Mas, raramente, à moda dos antigos construtores, que reincorporavam facilmente num monumento novas colunas de um tempo destruído. As peças são pouco separáveis, a cidade herdada se decompõe dificilmente e se incorpora mais dificilmente em espaços respondendo a outras lógicas.[3]

É nesse sentido que o autor explica as tensões presentes no espaço urbano atual, que não se configuram como autônomas em relação àquelas que dividem a sociedade, porém são específicas no seu objeto. Assim é que o surgimento de uma forma implica o aparecimento concomitante de diferentes possibilidades de leitura, mesmo porque a forma se significa, enquanto o signo significa e a imagem representa o objeto (Focillon, 1988).

Por outra parte, a escolha das formas comerciais para análise, na perspectiva da geografia crítica, implica também a análise da estrutura e função delas, pois se trata de uma tríade associada, conforme Lefebvre (1983, p. 162). Porém, as formas comerciais são, antes de mais nada, formas sociais; são as relações sociais que produzem as formas que, ao mesmo tempo, ensejam relações sociais. Analisar as formas comerciais, que são formas espaciais históricas, permite-nos a verificação das diferenças presentes no conjunto urbano, o entendimento das distinções que se delineiam entre espaços sociais. Em suma, coletivamente, as formas comerciais dão ensejo à análise das diferenças.

Entendemos, ainda, que o questionamento das formas comerciais permite-nos determinar os limites dentro dos quais podemos fazer uso desse tema para a compreensão do espaço urbano.

Para pensarmos sobre essas questões, vamos tomar o exemplo de São Paulo, cidade da qual devemos ressaltar dois aspectos que, entre outros, têm de ser considerados para a compreensão da atual megalópole paulista: o tamanho que ela atingiu e a velocidade com que o fez. Os dados a seguir são expressivos para ilustrá-los:

Crescimento da população de São Paulo 1907/1996

ano	área municipal	área metropolitana
1907	286.000	
1920	579.033	
1934	1.060.120	
1940	1.337.644	
1950	2.198.096	
1960	3.709.111	
1970	5.931.600	8.100.000*
1980	8.493.598	12.719.072
1991	9.480.427	15.199.423
1996	9.839.436	16.546.406

Fonte: Associação dos Geógrafos Brasileiros, 1958, vol. II, e censos da Fundação IBGE.
* O número é aproximado. A região metropolitana de São Paulo (Grande São Paulo) foi criada em 1973, pela Lei Federal Complementar nº 14.

Os dados apontados acima já são indicativos de que é no século XX que São Paulo cresce, porém não poderíamos deixar de mencionar ainda a sua posição estratégica: liga-se ao porto de Santos e a todo o território nacional por uma rede viária que permite a convergência para essa aglomeração urbana.

Além disso, São Paulo foi o *locus* da gênese do processo de industrialização no Brasil, que se iniciou por volta dos anos 80 do século XIX, cujo sustentáculo foi o processo de acumulação proporcionado pelas lavouras de café. Pode-se afirmar que a cidade praticamente se configura junto com a industrialização.

Considerada como a quinta maior aglomeração urbana do mundo, a região metropolitana de São Paulo é hoje composta pelo município da capital e por mais 38 municípios vizinhos, que ocupam uma área de 8.051 km^2.[4]

Um crescimento de tais proporções e processado com tanta rapidez significou profundas alterações nesse espaço, que, enquanto produto da sociedade, se transformou na principal aglomeração urbana do Brasil, fazendo parte também da rede mundial de metrópoles. Enquanto base de reprodução da sociedade, a metrópole paulista ofereceu condições para o surgimento de um novo cotidiano para os seus habitantes.

Quando analisamos o equipamento comercial da cidade de São Paulo, podemos constatar a presença de diversos tipos de comércio, que surgiram em diferentes fases do desenvolvimento da sociedade e que, como "sobreviventes", convivem nos espaços e partilham deles com os habitantes de São Paulo.

Os diferentes tipos de estabelecimentos comerciais que encontramos são representativos das transformações que, no decurso do século xx, ocorreram na produção dessa sociedade e, particularmente, na produção de mercadorias. As mudanças estão inscritas no espaço urbano de São Paulo e o padrão de localização dos diversos tipos de lojas comerciais é indicativo de tais transformações.

No início do século xx, surgiram as primeiras lojas varejistas de grandes dimensões – grandes lojas ou lojas de departamentos, em sua maioria filiais de grupos internacionais que se dedicavam à importação e exportação de mercadorias. Eram lojas que já se organizavam de modo a concentrar espacial e financeiramente uma grande quantidade de produtos, mas que não se utilizaram de técnicas de venda em massa como suas matrizes, até os anos 30. Fruto do liberalismo, essas grandes lojas tornavam o fluxo de mercadoria mais rápido. Tais lojas se localizavam no centro da cidade (o Mappin, fundado em 1913, por exemplo, funcionou até 1999), que era o lugar para onde os habitantes da cidade se dirigiam quando queriam fazer suas compras. Também se encontravam no centro da cidade lojas que vendiam produtos nacionais e outras pequenas, de caráter mais artesanal, que abasteciam setores da população com menor poder aquisitivo. Quanto ao abastecimento de gêneros alimentícios, a cidade contava com lojas importadoras (a produção agrícola brasileira não era suficiente para o abastecimento do mercado interno), mercado municipal e feiras-livres.

Até o final dos anos 20, a indústria era quase uma atividade complementar da agricultura, produzindo bens de consumo popular. Mas, a partir da crise de 1929, ocorreram modificações na base econômica, já que a exportação do café não gerava mais divisas suficientes para comprar, no exterior, os produtos necessários para o consumo interno. A partir dos anos 30, ocorreu uma reorientação da indústria com vistas ao abastecimento do mercado interno:

> Uma parte da indústria nacional (setor tradicional) direcionou sua produção para atender ao mercado popular e outra parte (setor moderno), com capitais de origem nacional e estrangeira, foi dirigida para a produção de bens, cuja sofisticação implicou maiores investimentos de capital, para atender ao mercado composto por estratos de rendimentos mais elevados (Pintaudi, 1981, p. 52).

As modificações no plano do setor produtivo foram acompanhadas de outras no comércio varejista, que entre os anos 30 e 50, ainda mantendo a localização no centro da cidade, passou a apresentar outro tipo em sua composição: as lojas populares, como as Lojas Americanas (empresa até hoje presente no varejo, inclusive em shopping centers), que introduziram uma nova técnica de venda: o autosserviço. Nessa época, tem início também a popularização das grandes lojas. Cabe lembrar que a população da cidade aumentou muito no período, chegando a crescer mais de 100% entre 1934 e 1950, o que se traduziu num aumento expressivo do consumo (Pintaudi, 1981, p. 63).

Até os anos 50, é possível afirmar que a localização do comércio no chamado centro da cidade não foi colocada em questão, mesmo com a implantação de subcentros comerciais em diferentes bairros, onde se instalaram também algumas lojas de departamentos, devido ao crescimento populacional e econômico de São Paulo, que se fez acompanhar pela expansão territorial da cidade:

> O consumidor se abastecia, por exemplo, de produtos perecíveis no subcentro – um comércio de vizinhança – e, para adquirir objetos de consumo mais raros, ele ia ao centro da cidade. O padrão territorial de implantação do comércio varejista que se constata na cidade de São

Paulo nos primeiros cinquenta anos deste século é aquele conhecido como mancha de óleo; na maioria dos casos, eram pequenos capitais comerciais que se iam instalando na cidade, de forma gradual e, por isso mesmo, as transformações do lugar foram lentas (Pintaudi, 1989, p.97).

Até os anos 40, a área central da cidade ocupava um espaço mais restrito e foi na sua área de expansão que, nos anos 50, foram construídas no andar térreo de prédios destinados a escritórios, ou mesmo a moradias, as galerias comerciais, que permitiram o aumento do número de pequenas butiques, pois os lugares livres já se tornavam raros no centro. Esses espaços que são ao mesmo tempo privados e públicos, unindo ruas do centro da cidade, permanecem até hoje; porém são poucas as lojas que guardam vestígios dos produtos de luxo, que eram vendidos em algumas dessas galerias, pois a maioria delas tem, para os consumidores de alto poder aquisitivo que as deixaram de frequentar, um ar decadente, indicando que foram apropriadas pelos novos frequentadores do centro urbano (Pintaudi, 1989; Carlos e Pintaudi, 1994).

Com o intuito de fazer frente aos problemas colocados para o centro da cidade a partir dos anos 50, particularmente com o aumento do número de veículos em circulação na área central da cidade, pelas ruas estreitas, o poder público atuou no sentido de criar condições para a permanência do comércio e de serviços no local. Assim, a partir de 1976 foram sendo fechadas à circulação de automóveis algumas ruas do chamado centro velho da cidade, operação que depois foi estendida também ao centro novo (onde se localizam as galerias comerciais), com a criação dos chamados calçadões ou ruas de pedestres cujo objetivo era permitir o flanar, o olhar vitrines. Porém isso não trouxe de volta os antigos compradores e quem passa hoje por aquelas ruas, em um dia de trabalho, não consegue admirar as vitrines, já que é levado a andar, empurrado pelos transeuntes nos caminhos deixados livres pelos ambulantes. O chamado comércio ambulante, por sua vez, é indicativo de trânsito intenso de pedestres e, no centro de São Paulo, sua presença é marcante na paisagem. No entanto, é perigoso classificar todos com o mesmo rótulo, tendo em vista que há uma enorme variação entre esses comerciantes, que se diferenciam não só pela forma de propriedade das mercadorias e do ramo de comércio (chegando mesmo a existir ruas especializadas), como também pela "propriedade do ponto", na rua em que se estabelecem, o que os diferencia de uma parte dos ambulantes que efetivamente deambulam, carregando nos braços os produtos que oferecem. Trata-se de uma atividade extremamente hierarquizada e que, numa sociedade em que grande número de pessoas não encontra emprego, se torna um meio de garantir a sobrevivência, esta também muito diferenciada entre eles.

A partir de meados dos anos 50, o centro da cidade de São Paulo foi sendo, paulatinamente, abandonado por seus antigos frequentadores, em favor de áreas comerciais situadas em bairros mais afastados, e apropriado por novos. A mudança já vinha se desenhando, mas é nesse momento que se torna mais visível em alguns subdistritos populosos ou mesmo em ruas como a Augusta, que se desenvolveu como um prolongamento do centro da cidade em direção aos bairros residenciais de mais alto poder aquisitivo. Tratava-se, porém, de um desdobramento de filiais de lojas do centro que, junto com pequenas lojas de vizinhança e de abastecimento de gêneros perecíveis, formavam um pequeno centro comercial para os habitantes do bairro.

A expansão comercial era fruto de mudanças que vinham ocorrendo na economia, particularmente no setor industrial, que cresceu 72% em número de estabelecimentos, entre os anos de 1940 e 1950. Para tanto,

> (...) a política de industrialização, desenvolvida principalmente a partir de 1945, favoreceu a implantação não só do capital como também da empresa estrangeira, e a indústria automobilística teve um importante papel nesse processo, marcando o caráter do nosso crescimento econômico, além de contribuir para a concentração geográfica de indústrias no Sudeste do país (Pintaudi, 1989, p. 69),

onde se encontra a metrópole de São Paulo, que recebeu tais indústrias. Paralelamente cresceu o número de lojas comerciais (37%), provocando uma maior concorrência entre os estabelecimentos, o que fez aumentar a propaganda de preços e a expansão do sistema de crédito (Pintaudi,1989, p. 98).

Nesse momento, mais precisamente em 1953, surgiu uma nova loja: o primeiro supermercado. A novidade na cidade não teve aceitação imediata nem significou, logo de início, uma solução para a rede de abastecimento da cidade, que crescia rapidamente; porém, passados os primeiros dez anos de um crescimento regular, mas lento, esse tipo de estabelecimento comercial passou a fazer parte integrante da paisagem. Assim, num primeiro momento, localizados próximos a áreas residenciais densas, onde estavam os estratos de rendimentos médios e altos da população da metrópole, esses empreendimentos comerciais se capitalizaram rapidamente e, num segundo momento, se expandiram por toda a metrópole e para além dela. Aliás, os grandes capitais não se interessaram pelo setor logo de início. Os primeiros a se instalarem souberam muito bem escolher a localização de suas lojas, que pouco a pouco, foram sendo compradas pelos grandes capitais interessados no setor.

A rede de abastecimento de gêneros perecíveis, anterior à instalação dos supermercados, sofreu grande redução. No início da década de 70, as quitandas, por exemplo, distribuídas por toda a região metropolitana, em número de 5 a 6 mil estabelecimentos, ficaram reduzidas a 1.790 unidades em 1977. Tal fato se explica não só pela concorrência imposta pelos supermercados, mas também pelo período de crise iniciado em meados dos anos 70 e que promoveu um novo surto de concentração e centralização do capital. É preciso destacar também que, para garantir a expansão e compensar a tendência de queda da taxa de lucro, as empresas precisaram de um certo poder sobre o mercado, de modo a formular uma política de preços que garantisse a margem de lucro sem aumentar a demanda reduzida durante o período de crise.

O supermercado significou concentração financeira e territorial, porque passou a concentrar, sob a propriedade de um único empresário ou grupo e em um único local, a comercialização de produtos anteriormente dispersos no espaço, que se constituíam em comércios especializados de pequenos capitais, tais como a padaria, o açougue, a peixaria, o bazar, a quitanda (frutas, verduras e legumes) e a mercearia (produtos de limpeza e gêneros alimentícios não perecíveis).

Além disso, a expansão dos supermercados também se deveu a dois outros fatores fundamentais, que foram a geladeira e o automóvel. O aperfeiçoamento da refrigeração destinada ao lar, bem como a produção em massa de refrigeradores e sua consequente redução de preço, permitiu que as pessoas pudessem realizar o abastecimento em casa de gêneros alimentícios perecíveis por períodos mais longos (uma semana e até mais). Por sua vez, o automóvel, que a partir de meados da década de 60 passou a ser adquirido pelos estratos de rendimentos médios da população, deu maior autonomia aos seus proprietários, liberando-os das compras restritas aos limites do bairro. Nesse momento, ampliou-se o número de famílias que adquiriram também um segundo automóvel e quem começou a fazer uso do segundo veículo da família foi a mulher, organizadora do cotidiano da unidade familiar. Com o automóvel, ela teve a chance de ampliar territorialmente o raio de alcance dos membros da família dentro de um mesmo período de tempo. O espaço passou, então, a ser concebido de acordo com as pressões do automóvel (Lefebvre, 1991, p.110), certamente um dos principais responsáveis pela redefinição do local de compra. Nesse momento, coincidentemente, expandiram-se os supermercados. É preciso ainda destacar que foi também nesse momento que as mulheres passaram a integrar o mercado de trabalho numa maior proporção, o que determinou mudanças nos hábitos de consumo.

Os hipermercados, em menor número, dadas as suas características e dimensões, passaram a ser implantados no espaço metropolitano a partir de 1974, com localização preferencial nas vias marginais dos rios Tietê e Pinheiros, o que permitiu um acesso mais fácil à clientela motorizada que, diferentemente do que ocorria com os supermercados, vinha de distâncias maiores se abastecer ali. Em 1995, esses estabelecimentos chegavam a 15 no município da capital e a 3 em outros municípios da região metropolitana. As 18 unidades encontravam-se divididas entre 5 grandes empresas, sendo que 10 das lojas pertenciam à rede Carrefour, de capital francês. A expansão dos hipermercados verificou-se a partir de 1986, pois até essa data apenas 5 estavam em funcionamento.

No período de crise econômica, iniciado em meados dos anos 70, ocorreu não só a chegada dos hipermercados, como também se iniciou a expansão dos shopping centers. O primeiro, que começou a funcionar em 1966, não surgiu como uma solução para o equipamento comercial, mas muito mais como uma novidade, tanto assim que somente dez anos depois apareceu na metrópole o segundo shopping. O período de maior expansão desses centros, em São Paulo, ocorreu nos anos 80 (é coincidente com a expansão dos hipermercados). A princípio, em pequeno número e com dimensões ainda modestas, se comparadas às dos originais norte-americanos, os shopping centers foram construídos para atender a uma população de altos rendimentos, o que na década de 80 se traduzia em cerca de 20% da população economicamente ativa, que em 1986 detinha 64% da renda nacional, somando 20 milhões de brasileiros, em grande parte localizados no Sudeste, particularmente em São Paulo.

Além disso, os shopping centers surgiram em um momento em que a economia brasileira se desenvolvia com a formação de monopólios e eles representaram a mesma tendência no plano das atividades do setor varejista, que anteriormente não possuía nenhum poder sobre o mercado, exceto os grandes estabelecimentos como supermercados e grandes lojas. Destacamos ainda que o volume de recursos financeiros necessários para a concretização de um empreendimento como esse contou muitas vezes, no Brasil, com o apoio de bancos públicos, o que se explica em parte pelo fato de que a recuperação do capital empregado nesse ramo permitia um retorno ampliado muito mais rápido (cinco anos), enquanto na indústria eram necessários dez anos. Por isso mesmo, grandes capitais se voltaram para o setor e suas origens não são específicas para nenhum setor econômico em particular (Pintaudi, 1989).

No que diz respeito à localização, esses empreendimentos, que requerem a circulação de um grande número de pessoas e precisam de grandes terrenos e de vias de acesso fácil, implantaram-se em São Paulo, preferencialmente, ao longo das vias marginais dos rios Tietê e Pinheiros. As vias expressas, que somam 47 km, foram construídas na década de 60, e

> (...) aproximaram setores da cidade até então distantes, além de permitirem um acesso fácil a rodovias que conduzem ao Norte e ao Sul do país, como também ao interior do Estado de São Paulo. Por outro lado, suas margens passaram a ser ocupadas não só por indústrias, empresas de comércio atacadista e de serviços que demandavam grandes áreas para sua implantação, como também atraíram, pela facilidade de acesso, o comércio varejista, grandes empresas de supermercados e hipermercados (...), centros empresariais e de serviços e áreas de lazer (Pintaudi, 1989, p. 125).

Paralelamente, os shopping centers promoveram a valorização das áreas próximas, ou melhor, das áreas da vizinhança que ganharam um novo valor. Como os shopping centers da metrópole paulista estão localizados dentro da malha urbana, a sua implantação em alguns casos implicou mudanças bastante significativas na ampliação de ruas, nas desapropriações de terrenos ocupados, o que deu oportunidade à especulação imobiliária. Em suma, a presença dos shopping centers promoveu a valorização das áreas vizinhas a eles, fazendo uma reorganização das atividades que até então se desenvolviam ali.

Quanto à concorrência que se estabeleceu no setor comercial, os shopping centers implicaram uma mudança bastante significativa no padrão de consumo, a partir do momento em que começaram a ser aceitos pelo público paulista e começaram a se expandir. Eles não apenas estabeleceram uma competição entre si, mas também com os demais tipos de estabelecimentos comerciais. Os consumidores passaram a exigir qualidade, sofisticação, individualidade (marcas, grifes), ambiente agradável e muito conforto para a realização das compras. Algumas grandes lojas sofreram novas mudanças para atender às exigências do mercado e procuraram integrar o *mix* dos shopping centers na qualidade de lojas-âncora, ou criar marcas próprias no segmento de roupas, por exemplo, colocando uma *butique* como outra qualquer. Agora que os shopping centers são parte integrante da paisagem metropolitana paulista, torna-se grande a concorrência entre os lojistas e o comércio tradicional de rua, o que vem determinando reformulações no setor.

Uma das mudanças, que não podemos deixar de mencionar, é a presença das franquias, sistema que atua por meio de parceria entre o franqueador e o franqueado e se desenvolve através da rápida expansão de redes de distribuição e serviços, em âmbito global, ancoradas na força das marcas e nos padrões de consumo preestabelecidos, passando a ser uma das alternativas mais procuradas como renovação na estratégia de negócios (Ortigoza, 1996, p. 55).

Introduzido no Brasil para a venda de automóveis da General Motors, em 1925, o sistema de franquias cresceu de maneira lenta até os anos 60, passando a ser mais divulgado e a ganhar adeptos no final dos anos 80, com a crise econômica. O grande crescimento em número de franqueadores e de franqueados deu-se nos últimos dez anos e, para tanto, contribuíram "as dimensões continentais do país e a baixa qualificação do mercado varejista" (Ortigoza, 1996, p. 62). Em 1995, existiam 968 franquias e os franqueados chegavam a 27.679, sendo que o Brasil, em 1993, já era o terceiro país do mundo em número de unidades franqueadas instaladas. Quanto à localização, a preferência é pelo Sudeste do Brasil, particularmente São Paulo, por todas as condições, já conhecidas, que se reúnem nesse espaço (entre as quais a grande concentração populacional e maior massa de dinheiro em circulação).

O padrão de implantação do equipamento comercial apresentado pela metrópole de São Paulo é indicativo de que o seu espaço é fruto de transformações ocorridas na forma de (re)produção dessa sociedade, que, a partir da segunda metade do século XX, guarda muita semelhança com o que vem ocorrendo em outros espaços também mundializados.

Com o exemplo da metrópole paulista, ainda que esboçado, procuramos destacar o lugar e o momento em que as diferentes formas comerciais foram se instalando no espaço urbano, para chamar a atenção para duas questões: a da centralidade e a da cotidianidade. Sobre a centralidade, conquanto se afigure um princípio constitutivo no plano do espaço urbano, é preciso destacar, incessantemente, que a troca de produtos sempre esteve associada a ela. Os lugares escolhidos para a troca de produtos comumente implicaram situações estratégicas. Em outras palavras, a atividade comercial sempre demandou centralidade, o que também significa dizer acessibilidade. Por sua vez, a centralidade também significou um tempo determinado. A determinação do tempo é mais complexa e é o tempo do cotidiano que torna complexo o tempo histórico (a longa duração) numa rede necessária e difícil de discernir.

Conforme Lefebvre (1991, p. 73),

> O novo, de alguns anos para cá, é que as consequências da industrialização, numa sociedade dominada pelas relações de produção e de propriedade capitalistas (um pouco modificadas, mas conservadas em sua essência), se aproximam de seu termo: uma cotidianidade programada num ambiente urbano adaptado para esse fim. A cidade tradicional explode, enquanto a urbanização se estende, o que permite hoje semelhante empresa. A cibernetização da sociedade corre o risco de produzir-se por este caminho: organização do território, instituição de vastos dispositivos eficazes, reconstituição de uma vida urbana de acordo com um modelo adequado (centros de decisão, circulação e informação a serviço do poder).

Como vimos, a partir da disseminação do uso do automóvel, o centro da cidade foi colocado em questão pelos habitantes da metrópole. Antes de mais nada, o centro se pulverizou, provocando uma reorganização da cidade, com o surgimento de centros especializados – de compras, de decisão, financeiros. A proximidade entre diferentes atividades do chamado setor terciário no centro da cidade deixa de ser necessária (ao menos para uma parte da população urbana), já que é o automóvel que as aproxima e não mais a calçada. Além disso, a rede de transportes de massa, especialmente o metrô, permitiu que o periférico se aproximasse do que é central (qualquer centro) em questão de minutos. Lembramos, por exemplo, que os shopping centers se tornaram um lugar central para uma parte da sociedade brasileira.

Tal como a nova centralidade, a cotidianidade ganhou novos contornos atualmente. A partir da pulverização e especialização dos espaços da cidade unidos pelo automóvel e pelo metrô, os habitantes das metrópoles passaram a selecionar o espaço, segundo suas possibilidades, hábitos e desejos. A atividade comercial sempre envolveu algo mais do que o simples ato de comprar e vender e se constituiu num elemento de integração de relações sociais estabelecidas no cotidiano. Por se apresentar concentrado no centro da cidade, mesclado a outras atividades terciárias e à moradia, a atividade comercial atraía para lá pessoas de todos os estratos sociais que, de alguma maneira, estavam em contato. Quando o espaço do centro da cidade se transformou, os antigos laços entre as pessoas e o lugar se romperam e, com isso, as relações tornaram-se mais frágeis, além de o centro da cidade se constituir em referencial simbólico, o que une as pessoas e o distingue dos novos centros.

Entretanto, a integração da sociedade moderna se faz via mercado. A ideologia é a da mercadoria (a sociedade moderna reduz tudo ao consumo, inclusive o ideológico). A concepção do mundo é aquela veiculada pela publicidade da mercadoria e os hipermercados e shopping centers são os lugares que melhor traduzem a nova centralidade para a troca de mercadorias. O que se observa com relação aos espaços comerciais mais antigos, como o dos mercados públicos, é uma tendência de sujeição desses espaços ao novo momento econômico, caso contrário não sobreviveriam por muito tempo. Embora nem tudo (ainda) possa ser reduzido à esfera econômica, antigas formas comerciais adquirem uma nova conotação, uma nova roupagem, à semelhança dos novos centros, e parecem capturados pelo social tornado espetáculo, o que não deixa de ser uma forma de sujeição ao econômico.

Assim, os espaços comerciais cada vez mais são o produto de uma alta racionalidade na gestão do grande capital e a condição de existência de um cotidiano programado, a exemplo das grandes empresas.

Por tudo isso, pensamos que os conceitos de centralidade e de cotidianidade são importantes instrumentos para o desenvolvimento de um pensamento geográfico crítico sobre o comércio urbano.

Além desses conceitos que consideramos centrais, outros mais contribuem para formar o encadeamento necessário de uma concepção teórica, quais sejam a concentração do capital, o mundial, o diferencial, o Estado, que se articulam para a compreensão do tema – as formas do comércio; a mercadoria é outro tema que deve merecer a nossa atenção, pois ela é a materialização do valor no modo de produção capitalista e a sua realização faz a sociedade se reproduzir.

O estudo das formas do comércio (o que implica o seu movimento) nos permite compreender e explicitar uma nova articulação espaço-tempo e tal articulação implica uma organização social distinta. No decurso do século xx, observamos grandes transformações nas formas comerciais que determinaram novas centralidades, novos espaços do cotidiano, enfim, uma nova paisagem urbana e novas relações sociais. As diferentes formas comerciais presentes na atualidade apontam claramente a existência de um jogo de forças entre elas. Desvendar essas questões é nossa tarefa.

NOTAS

1. Conforme o original: *le thème est en lui-même partiel mais qu' il peut, par les relations supposées ou découvertes, révéler bien plus que lui-même et ordonner une réflexion plus générale (1996, p. 31).*
2. Conforme o original: *Avant d'être une oeuvre d'art, comme le suggère heureusement Henri Lefèbvre, la ville et même ces espaces urbains nouveaux, qui amènent à s'interroger sur l'éclatement de la ville, sont des ouvrages.*
3. Conforme o original: *Une société travaille sur un matériau, cette notion recouvrant toutes les qualités que l'on prête au terrain, y compris les qualités physiques; mais elle se révèle à elle-même à travers ce travail; à son tour, la ville acquise, héritée, devient matériau, parfois rebelle, sur lequel s' exercent de nouvelles forces. Mais rarement, à la manière de ces bâtisseurs anciens qui réincorporaient aisément dans un monument neuf les colonnes d'un temps détruit. Les pièces sont peu séparables, la ville héritée se décompose difficilement et s'incorpore plus difficilement dans des espaces répondant à d'autres logiques.*
4. Para que se tenha uma ideia melhor do que esses números representam, a Jamaica tem 10.991 km² e a Holanda tem 15,1 milhões de habitantes.

BIBLIOGRAFIA

ASSOCIAÇÃO DOS GEÓGRAFOS BRASILEIROS. *A cidade de São Paulo*. São Paulo: Nacional, 1958.

CARLOS, Ana Fani A., PINTAUDI, Silvana M. Cidade do Comércio. In: MEDINA, Cremilda (org.). *Vamos ao centro*. São Paulo: CJE/ECA/USP, 1994, pp.151-155.

FOCILLON, Henri. *A vida das formas*. Lisboa: Edições 70, 1988.

LEFEBVRE, Henri. *A vida cotidiana no mundo moderno*. São Paulo: Ática, 1991.

______. *Le matérialisme dialectique*. Paris: PUF, 1990.

______. *La presencia y la ausencia – contribución a la teoria de las representaciones*. México: Fondo de Cultura Económica, 1983.

LE GOFF, Jacques. *Pour l'amour des villes*. Paris: Textuel, 1997.

OLIVEIRA, Bernadete A. C. de Castro e MORAES, Carmen Sylvia Vidigal. A teoria das formas em Lefebvre. In: MARTINS, José de Souza (org.). *Henri Lefebvre e o retorno à dialética*. São Paulo: Hucitec, 1996, pp. 99-107.

ORTIGOZA, Silvia Aparecida Guarnieri. *As franquias e as novas estratégias do comércio urbano no Brasil*. Rio Claro: Unesp, 1996. p. 180. Dissertação (Mestrado em geografia – Organização do espaço). IGCE, Unesp, 1996.

RONCAYOLO, Marcel. *Les grammaires d'une ville*. Paris: EHESS, 1996.

PINTAUDI, Silvana M. *Os supermercados na grande São Paulo – contribuição ao estudo da transformação do comércio varejista nas grandes metrópoles*. São Paulo: USP, 1981. p. 108. Dissertação (Mestrado em geografia humana). FFLCH-USP, 1981.

______. Silvana M. *O templo da mercadoria – estudo sobre os shopping centers do Estado de São Paulo*. São Paulo: USP, 1989, p.156. (Doutorado em geografia humana). FFLCH-USP, 1989.

______. Silvana M. e FRÚGOLI JUNIOR, Heitor. *Shopping Centers – espaço, cultura e modernidade nas cidades brasileiras*. São Paulo: Unesp, 1992.

O LUGAR E A PRODUÇÃO DO COTIDIANO[1]

*Amélia Luisa Damiani**

É preciso incorporar ao espaço a crítica da vida cotidiana, que põe o acento na reprodução das relações sociais.

O cotidiano se torna um *nível* de análise do real importante quando a reprodução social atinge inteiramente a reprodução da vida. Diante do capitalismo como modo de produção cabal, isto é, quando o processo produtivo imediato não responde mais, sozinho, pela reprodução ampliada. Quando dois fatos coincidem:

1. A reprodução ampliada do capital e da sociedade coloca em questão a reprodução das relações sociais num âmbito fora da fábrica, em outros momentos da vida social.

2. Quando, inversamente, a lógica da fábrica – a divisão técnica do trabalho – a transcende e alcança outros momentos da vida social. Ressecados cada vez mais. Administrados, programados, redefinidos pelos poderes e saberes. A tendência é gerir a vida cotidiana sob o modelo de uma pequena empresa.

O cotidiano envolve outros momentos da vida social, além do trabalho, sob sua lógica, momentos que já não são alheios, ingênuos à reprodução do capitalismo.

Lidando com o cotidiano, coloca-se o acento no *social*, como nível mediador entre o econômico e o político, totalmente atingido

* Professora doutora do Departamento de Geografia da Faculdade de Filosofia, Letras e Ciências Humanas da USP.

por essas outras esferas do real. O social não pode permanecer, em termos de análise, submerso ao econômico e ao político. Não há uma acomodação intrínseca entre essas esferas do real humano; imbricadas, relacionadas, ainda sobram fissuras, interstícios a examinar. O econômico e o político pressionam o social, o que equivale a avaliar o empobrecimento da vida social, no sentido de ela se dobrar à vida privada, num mundo tecnológico e economicamente desenvolvido. A mesma base tecnológica e econômica pode sugerir sociedades concretamente diferentes, pois não se faz tábula rasa das maneiras de viver, dos costumes, dos simbolismos de um povo de forma absoluta, por mais rigorosos que sejam os processos reprodutores envolvendo empresas e estratégias políticas. Podem-se definir como relações sociais não redutíveis às relações de produção nem às superestruturas políticas. São relações de solidariedade, de associação, no sentido de autogestão. Para compreender esse âmbito do social, seria preciso retornar, segundo a tradição marxista, aos conceitos associados de prática social e de sociedade civil.[2] Colocando-se o acento no social, coloca-se o acento na cotidianidade como nível de análise da totalidade. Por ser solo da reprodução, é também, e ao mesmo tempo, o que deve se transformar prioritariamente. A teoria não exclui aqui a transformação. Pelo contrário, a crítica da vida cotidiana propõe "mudar a vida", ou melhor, todo projeto revolucionário deve incluir mudar a vida inteira, inclusive a vida privada, o indivíduo, o vivido. Transformar a vida cotidiana permite apontar para uma negatividade verdadeiramente radical, talvez aquela preterida historicamente neste século.

> A cotidianidade e sua recusa põem em questão, fragmento por fragmento, o conjunto do mundo moderno: cultura, Estado, técnica, instituições, estruturas, grupos constituídos, pensamento analítico e operacional, as separações que mantêm etc... Restitui um todo... A cotidianidade é insuportável. É intolerável, inadmissível.[3] Falamos da pobreza de um cotidiano "privado".

Portanto, o que faz da cotidianidade um nível de análise da totalidade é que o mundo atual acentua a reprodução, o processo reprodutivo como um complicador no exame da totalidade moderna. O que não exclui, inclusive define, a cotidianidade como um nível desigualmente desenvolvido, subdesenvolvido mesmo, em alguns casos, diante do econômico e do político. A lei do desenvolvimento desigual é primordial no exame do cotidiano.

A cotidianidade é criada também pelo modo de produção, não lhe é alheia nem marginal, embora seja desigual a outros setores, momentos e situações dessa forma de produzir. O cotidiano, como simulacro da vida plena assim modelado, permite ao modo de produção funcionar. Só é possível compreendê-lo dessa forma se admitirmos que o avanço do processo produtivo atinge inúmeros momentos da vida social, num processo de reprodução ampliada, que torna necessária essa expansão.

Lidar com o cotidiano é, em princípio, lidar com alienações superiores à necessidade bruta do alimento, da casa, transcendendo o nível estrito da sobrevivência. Portanto, refere-se a camadas sociais, mesmo que populares, mais estabelecidas na vida. O cotidiano se estabelece nas classes médias e se expande para a sociedade inteira, pelo menos em seus resíduos.

Por que se torna importante detectar tal universo?

Porque, no mundo de hoje, vivemos várias formas de alienação, que mantêm o homem distante de sua realização enquanto tal, distante de sua humanização, apesar dos altos níveis tecnológicos alcançados. No limite, estamos diante da contradição fundamental entre as forças produtivas e as relações de produção. Continuamos a refletir essa contradição fundamental, agora a partir de novas implicações, resultantes da complexidade do processo reprodutor.

O afeto, o desejo, o gozo existem, mas esmorecem diante das necessidades, programações, satisfações. Estas definem a base das novas alienações. E como mediação estão as novas tecnologias, como os *mass medias*.

De qualquer forma, o cotidiano, em relação ao econômico e ao político, amplia o universo de análise para tantas outras relações entre os indivíduos e grupos, inclusive particulares, locais. Inclui o vivido, a subjetividade, as emoções, os hábitos e os comportamentos.

A integração na sociedade global industrial moderna coloca a questão da dissociação, da contradição dos momentos da vida social. Contradição dolorosa – a vida do trabalho esmagando a vida familiar –, o que garante que, entre os momentos da vida social, não haja somente composição estrutural. Além disso, nem tudo é programado, capturado, a cotidianidade, como resíduo, dá lugar ao informal, ao espontâneo.

É importante não descuidar do aspecto crítico ou político do cotidiano. Mas a cotidianidade não se resolveria na política, tornando dispensável o próprio conceito?

A ordem do cotidiano e a ordem do poder estabelecido vêm juntas; a segunda tem a primeira como base de sustentação.

Por outro lado, a cotidianidade recoloca a questão da política no nível de *lugar*. Cinde as relações mais distantes, políticas, com as relações de vizinhança, não menos políticas, mas desatadas do nó direto com o Estado.

Estabelecer uma relação entre o lugar e o cotidiano não deve diluir a ideia de que o cotidiano é a base do estatismo.

O lugar definido pelo cotidiano é a sociedade inteira, não só seus aspectos econômicos e políticos.

A realidade ordinária, cotidiana, que nasce no lugar e o constitui, feita de fatos e situações, que mantém a vida, pode e é o que torna a cotidianidade um tema a se examinar, compreendendo "o extraordinário no ordinário", o "sentido do insignificante". Dessa forma, a história pode começar no lugar. Mais apropriadamente, e a esse respeito, a profunda especialização dos lugares, com a mundialidade, retira do lugar sua historicidade complexa, e ele tende a simulacro da história. Quanto mais inserido na mundialidade, mais apartado da história, ainda mais se torna um sistema fechado em suas possibilidades. A contestação o recoloca no movimento da história. Liberta-o.

Relacionar cotidiano e lugar é envolver as relações próximas, ordinárias, singulares à mundialidade. A vida cotidiana, mais íntima, ao mesmo tempo, situa seu lugar na sociedade global. Pela mediação do cotidiano no lugar, somos levados dos fatos particulares à sociedade global.

De qualquer forma, tudo aparece complexo, o mundo do vivido permanece em cisão com a história. Eventualmente, o lugar e seu cotidiano avançam em direção à história. De modo geral, há um desigual desenvolvimento entre os lugares e o mundo. Embora ambos se interpenetrem. Eventualmente, o lugar e o mundo constituem uma totalidade provisória, convergem. Provisoriamente, o lugar é o mesmo que o mundo e o cotidiano, o mesmo que a história. Em outro momento prevalece a cisão: o lugar e o cotidiano são o *outro*, mediados pela história e pela política e relegados à especificidade.

Essa separação possível é um curvar-se sobre a existência familiar, privada, sobre a cotidianidade "privada", na mesma medida em que, reciprocamente, a vida privada impregna-se de informações gerais, sociais e políticas. E a vida pública e política se personaliza.

Então, o lugar e a produção do cotidiano desvendam a constituição mesma do lugar, inserido na história e na política, mediatizado por elas, entretanto, constituindo-se autonomamente, à parte, uma realidade *privada*. A vida cotidiana se define como o privado, alienado, nas esferas do Estado e da política. No lugar, "o peso de fora e do mundo se acumula".

O lugar como espaço social exige o cotidiano estabelecido. No limite do infracotidiano, o lugar é somente espaço físico, esvaziado de relações e situações sociais que o preencheriam. Os momentos da vida social, neste caso, estão vazios. Tudo o que o lugar pode ser não o é para todos. Falar de espaço social não é apenas uma questão lógica, mas essencialmente histórica. Envolve desvendar as múltiplas alienações e o cotidiano no lugar nos dá elementos. O lugar não existe plenamente para todos, apesar de seus limites, que são os limites da vida hoje.

Mas o cotidiano, no limite da reprodução, está inversamente carregado, por isso, de negatividade, no limite das possibilidades: a resistência e a contestação, em todas as suas formas.

O lugar foi, inicialmente, o espaço dos antigos "gêneros de vida", a especificidade e a singularidade desses gêneros. "Antigos 'sistemas' codificavam e regulamentavam a alimentação, o vestuário, a moradia e o mobiliário. Esses 'sistemas' eram locais, regionais, nacionais."[4] Hoje, em contrapartida, com o lugar no mundo se produz o lugar do cotidiano: nivelamento das necessidades, alinhamento dos desejos uns sobre os outros, cotidianidades análogas, senão idênticas. Numa leitura durkheimiana, Salvador Juan atualiza a concepção de gênero de vida, por meio do que nomeia como sistema de usos que comporia a vida cotidiana atual, definindo usos, enquanto normas puras destacadas de toda referência moral, diferindo dos costumes. A vida cotidiana, assim, envolveria lógicas institucionais atuantes.[5] Nesse caso, está demarcada a singularidade do cotidiano moderno. Em outras obras, como a de Agnes Heller, de Michel de Certeau, a concepção de cotidiano aparece abrangente historicamente. Aqui a perspectiva é demarcar a temática do cotidiano como exigência na compreensão do mundo moderno, circunscrevendo-a mais estritamente. A potência do conceito, dessa forma, não se dilui. Por outro lado, uma análise durkheimiana não esclarece a crítica da vida cotidiana e seu sentido transformador, remetendo ao funcionamento de uma sociedade que parece imóvel, eterna.

Situemos a relação entre a macro e a micro-história, ou a pequena e a grande histórias, tentando desvendar os termos de nosso raciocínio sobre a vida cotidiana e seu lugar na história.

Quando pensamos uma questão, muitas vezes ela aparece como um raciocínio natural, uma evidência, e não como uma construção advinda da prática histórica que vivemos. A atitude metafísica impregna o desenvolvimento do conhecimento.

A primeira observação, portanto, seria que a relação entre essas histórias é histórica. E é preciso decifrar o que a prática humana, hoje ou há um século, seja qual for o tempo de existência dessa reflexão, apresenta de novo, para criar a possibilidade desse conhecimento.

É possível imaginar que há uma evolução que vai da consideração da história a partir dos grandes acontecimentos até a história ordinária e cotidiana. O sentido é de cada vez mais admitir que o que aparece como irrisório é significativo. O desenvolvimento científico, de fins do século XIX e início do século XX, sugere essa possibilidade, para não regredir até a leitura empiricista do mundo, que também cria essa leitura como possibilidade. Uma sociedade dessacralizada, movida por transformações constantes, que afetam a vida das pessoas e o sentido do conhecimento, vai nessa direção. Então o cotidiano seria um acontecimento histórico razoavelmente recente, tendo como parâmetro a história humana.

A incorporação dos fatos ínfimos seria fruto da superação da metafísica, ou do conhecimento *a priori*, em última instância, em direção a um conhecimento materialista ou existencial do mundo.

Outro ângulo a examinar, do âmbito da prática social, fundamento do conhecimento, seria o fato real que conduz à dessacralização do mundo. Os fatos banais eram, ao mesmo tempo, expressões de ritmos e de acontecimentos grandiosos. Não havia a ruptura drástica entre o banal e o grandioso, porque não havia uma ruptura drástica entre a comunidade, o concerto transmitido pela história dos costumes e hábitos e a vida individual. O homem era expressão da comunidade em que vivia. Contradizendo-a ou admitindo-a, francamente. É uma conquista dramática do homem, porque a vive, também, como perda, a individualidade do ser humano, a admissão de suas diferenças, que não são somente diferenças de papéis consolidados na comunidade, como aqueles que remetem à divisão sexual dos trabalhos e atributos. Agnes Heller também lidou com essa questão em *O homem do Renascimento*,

A existência de duas histórias, o seu reconhecimento, em sua distinção, expressam a separação entre o indivíduo e a comunidade, o que é próprio de um e de outro, e é um legado, vivido dolorosamente, da dessacralização do mundo e da compreensão de que a história humana depende da ação dos homens, mesmo que eles não sejam os eleitos, superiores, assemelhados aos deuses, embora diferentes dos outros animais. O que também é uma conquista da ciência, quanto à compreensão da evolução humana. A existência das duas histórias é uma aporia, ou dificuldade, do conhecimento, ainda não totalmente resolvida, pois sua resolução depende de uma transformação real. Vive-se essa distinção e se admite que a razão escondida de uma está contida na outra (o que explica os grandes acontecimentos é também a teia de acontecimentos banais e, além disso, há a banalização do grandioso que se deteriora – a retórica, a ideologia, a mentira, a ilusão etc.). Só há resolução dessa dificuldade quando se trata dos mitos, pois se esboroa aí o que é do âmbito das duas histórias: é o pequeno dentro do grande ou o inverso; nas pequenas atitudes um mundo desconhecido e mágico. Os mitos expressam um desarranjo entre tempo e espaço, uma mistura dos tempos e dos espaços. O que lhes garante a identidade enquanto mitos.

Então, não está clara a relação entre as histórias, embora a história humana a sugira como possibilidade real e, a partir dela, diante desse impasse, é possível avançar no conhecimento, e, ao mesmo tempo, vulgarizar as duas histórias, concebendo-as quase sem sentido, a não ser o do espetacular no irrisório, quando, por exemplo, recria-se a história apenas como banalidades desconhecidas e sedutoras.

O tratamento desejado pretende apresentar a vida cotidiana como mediação necessária ao conhecimento da relação dialética entre o lugar e o mundo.

No lugar, a vida cotidiana pesa com todo seu peso.

Se o cotidiano traz à luz a ordem próxima, o mais baixo, mais perto, mais miúdo, a ordem do lugar, ele assegura o lugar no mundo. Apesar das diferenças, o cotidiano se repete em mais de um lugar. Ele é a ordem do mundo, do Estado no lugar, atingindo a base desse lugar.

O cotidiano, como conjunto de atividades e relações, efetua-se num espaço e num tempo sociais: o lugar e suas temporalidades.

Os esquemas de homogeneidade, fragmentação e hierarquização, que submetem o cotidiano, definem o lugar como equivalente a outros lugares; especializado cada um; diante de uma ordem hierárquica, em relação à plenitude da capitalização.

O Estado e a sociedade atuais têm um poder de integração enorme, proporcional ao fracionamento das unidades (locais e territoriais).

Falar da vida cotidiana é falar dos gêneros de vida no mundo de hoje. Pensar a vida cotidiana no lugar é pensar que o mundo está no lugar e o lugar no mundo, com todas as mediações necessárias – o Estado sendo a principal. A crítica da vida cotidiana engloba o que está pretensamente acima dela: as esferas políticas. Esferas políticas e prática social cotidiana são um par dialético.

Para que se mencione, apropriadamente, a vida cotidiana, é preciso que ela se diferencie da cultura, da historicidade dos grupos arcaicos. É o lugar no mundo que tem cotidiano moderno. É o limite da separação/integração do privado e do público, por meio do qual se pode fazer sua genealogia. Nesse limite de separação/integração, ambos tendem a se preservar. Nesse sentido, mudar o mundo, transformar o mundo humano, implica a crítica radical da cotidianidade.

Se o cotidiano incide sobre a vida privada, seria necessário insistir para que esta fosse relida à luz da sociedade global, no nível político. A ordem de vizinhança se redefine pela ordem global. O que impõe estudar o homem cotidiano e sua "privação" a partir da teoria da alienação e da desalienação. Portanto, uma crítica da vida cotidiana que utilize, de maneira nova, as noções antigas, sobretudo de alienação: não é o vivido sem conceito.

Se o lugar no cotidiano é a integração à sistematização geral, à estrutura global, o cotidiano no lugar apresenta rupturas singulares. No lugar também surgem preocupações próprias de outros tempos, que não o tempo linear da cotidianidade. É onde aparece o sonho da ruptura dessa cotidianidade: "Persistência de tempos cíclicos, de origem biológica e cósmica, no seio dos tempos lineares (rompidos e corrompidos), impostos pela técnica e pelo trabalho industrial". Se o cotidiano é o lugar do programado, das necessidades fixadas, dos tempos administrados, sob o peso do que vem do mundo, ele também é, nessa mesma medida, o lugar da vulnerabilidade de toda a programação.

O que rege o mundo é a inteligência analítica, "que quebra, separa, dicotomiza"; assim, nascem os lugares, eles se impõem como partes de um todo que se pretende coerente, à luz da divisão técnica do trabalho. Se esse é o sentido do poder, da razão moderna, das estratégias, a direção da sistematização, o sentido da vida humana, da relação entre o homem e a natureza, não se restringe a essa lógica. Há buracos, interstícios, pelos quais surge o mundo como *obra*, obra humana, e os lugares como obras. Novamente, o cotidiano, como nível mais baixo, eleva-se no plano da obra humana. "A vida cotidiana, o lugar do simples e do sórdido, é, simultaneamente, o lugar e o tempo em que o humano se realiza."

O lugar, acima de tudo, não é o particular, perdido do mundo, é o diferente. Nasce do embate com os outros lugares, como totalidade, com a totalidade dos lugares, o mundo. Coloca-se no mundo para ser o lugar. O que rege a existência do lugar, como do cotidiano, é o desenvolvimento desigual.

Mas, na verdade, o cotidiano no mundo exige uma amplitude maior da concepção de lugar. Há dois sentidos na noção de lugar: o de diferente, em relação aos lugares e ao mundo. O embate e a combinação que definem cada um. Outro é o da particularização, aquilo que separa esse lugar do outro: a segregação.

O lugar, como particular, pode ser examinado depois de ter sido definido como diferente: da antiga particularidade, rica até, nasce a diferença, na homogeneidade (condições materiais e históricas, explicando a divisão territorial do trabalho); e da diferença nasce a particularização (a segregação), o desenvolvimento desigual.

No lugar da negatividade, a positividade elevada pode despontar. Mas o limite do negativo, transcendendo as classes sociais, atingindo a sociedade inteira, é o limite do homem privatizado do cotidiano, que se liga à mundialidade de forma passivamente contemplativa, sem participação efetiva: "o olhar socializado" *versus* "a consciência atuante da prática social". O homem da privação tem o "mundo" tendendo a preencher os buracos, mobiliando os interstícios, camuflando as frustrações. Nesse limite da alienação, da reprodução, deve surgir dramaticamente o novo.

"Após a Segunda Guerra Mundial, o ambiente e os limites explodem de todas as partes; no espaço (o vilarejo, o bairro, os territórios e fronteiras etc.) e no tempo (as festas, as atividades diurnas e noturnas, os empregos do tempo). Pode-se crer, igualmente, que a vida de cada dia explodiu; ao contrário, é quando a cotidianidade se instala, instaura, institui-se."[6]

Os discursos sobre "a extensa descentralização e internacionalização geográfica da produção industrial" que experimenta o mundo, principalmente a partir dos anos 70, não eliminam, a rigor, "as divisões regionais do trabalho há muito estabelecidas" (divisões intranacionais e internacionais) ou "a exploração do desenvolvimento geograficamente desigual como fonte de manutenção dos superlucros"[7]; contudo, reforçam o debate de que as diferenças transcendem o mundo do trabalho e as desigualdades dizem respeito à reprodução da vida: o mundo se instaura, de alguma forma, inteiramente, nos diferentes lugares, os lugares se atualizam e, ao mesmo tempo, redefine-se o desenvolvimento desigual entre o político, o econômico e o social. O cotidiano subdesenvolvido refletiria essas desigualdades no espaço do lugar. A relação entre cotidiano e lugar capta a história recente dos lugares.

Ainda sobra uma questão fundamental. Qual é a força real da contestação no lugar ou da contestação localizada diante da mundialização?

A resposta contida no livro *Du contrat de citoyenneté* merece ser examinada. Haveria um par dialético composto pelo mundial e pelo local, diante da extensão de certas relações em escala planetária: extensão das relações mercantis, de troca, do mercado mundial. Concebida como uma vitória do capitalismo diante de sua capacidade de adaptação. Contudo, resta a contradição entre o local e o mundial. "A mundialização do capital produz um mundo desértico, enquanto as pessoas afirmam uma ligação muito maior com a proximidade: o lugar permanece a única coisa mensurável, em relação ao mercado mundial, este enorme espaço não mensurável."[8] Haveria uma insurreição de particularismos, cujo fundamento é antiestatista, no sentido de que a ligação com o lugar volta-se contra o espaço/tempo do Estado e da nação.

Estes são os termos possíveis da transformação social que a história recente produziu, garantindo o sentido irredutível do lugar, diante da mundialização e do Estado que a sustenta. A abrangência histórica dessa irredutibilidade ainda permanece desconhecida.

NOTAS

1. Este trabalho foi originalmente apresentado no Encontro Internacional: Lugar, Formação Socioespacial, Mundo, Anpege, Universidade de São Paulo, setembro de 1994. Aqui ele está revisto à luz de novas conquistas, com relação às concepções apresentadas; por sua vez, elas mesmas passíveis de revisão. A mais importante crítica e alerta ao leitor é o risco de uma "geograficização" excessiva da crítica da vida cotidiana, reduzindo-a (inversa e equivocadamente se reconhece uma ausência de geografia).

2. Lefebvre, Henri. *Une pensée devenue monde – faut-il abandonner Marx*. Paris: Fayard, 1980.
3. Lefebvre, Henri. *Metafilosofia*. Rio de Janeiro: Civilização Brasileira, 1967, p. 372.
4. Op. cit. p. 183.
5. Juan, Salvador. *Les formes élémentaires de la vie quotidienne*. Paris: Presses Universitaires de France, 1994.
6. Lefebvre, Henri. *Le retour de la dialectique*. Paris: Messidor/Éditions Sociales, 1986, p. 104.
7. Soja, Edward W. *Geografias pós-modernas – a reafirmação do espaço na teoria social crítica*, Rio de Janeiro: Jorge Zahar, 1993, capítulo 7.
8. Groupe de Navarrenx, *Du contrat de citoyenneté*. Paris: Périscope/Syllepse, 1990, pp.11-12.

O CONSUMO DO ESPAÇO

*Ana Fani Alessandri Carlos**

A ideia de modernidade marcou de forma inexorável o nosso século. Se no início significou a crença na tecnologia (e não na habilidade manual) e o culto ao dinamismo com a promessa do controle ilimitado da natureza – num mundo dominado pela razão e pelos recursos imensos –, também produziu uma mudança ilimitada em todas as áreas, criando o sentimento de uma nova ordem.

Este início de século aponta um momento de profundas transformações nas relações espaço-temporais, o que implica um novo modo de pensar a realidade e como o homem vive essas transformações num cenário sempre cambiante. O domínio do espaço, da mídia e a era do marketing, do infinitamente pequeno, produziu uma nova mentalidade, outro modo de vida.

Há uma nova racionalidade que está sendo imposta ao cotidiano como decorrência do desenvolvimento tecnológico, que permite à informação chegar a todos os lugares. Ao mesmo tempo, podemos dizer que o mundo não se caracteriza por áreas desconhecidas. A tecnologia levou o homem para todos os pontos do planeta. A universalização do capitalismo produziu um crescente e denso fluxo econômico provocando uma nova ordenação e hierarquização do espaço mundial.

* Professora assistente doutora do Departamento de Geografia da Faculdade de Filosofia, Letras e Ciências Humanas da USP.

O cenário que dá sentido a tudo isso é a globalização, que para a empresa significa a abertura para o mercado externo, agindo num número maior possível de lugares e permitindo a movimentação rápida do dinheiro, que migra por todas as partes do planeta diuturnamente. A produção se amplia à medida que as barreiras nacionais implodem. Essas mudanças invadem de modo inexorável a vida das pessoas. Para o homem comum significa a imposição de novos padrões de comportamento, novos valores, uma nova estética. É bom não esquecer que os novos padrões impostos de beleza acabaram gerando uma vasta e promissora indústria de beleza que produz desde cremes, remédios e comidas as mais diversas, até roupas, um "modo" de se vestir, academias de ginástica, um "modo" de consumir o espaço.

O *freezer* e o micro-ondas, por exemplo, se introduzem na esteira das mudanças nas relações da mulher com a cozinha, posto que presa ao universo do trabalho fora de casa. O império do videocassete que tira as pessoas do cinema e das ruas, trazendo-as para dentro de casa, finaliza o triunfo da televisão que marcou de forma violenta o comportamento das pessoas e dos membros da família, virando uma referência cultural. Os PCS – *personal computer* – completam essa revolução não só transformando as relações de trabalho na empresa, mas também as relações dentro de casa e, por que não dizer, do próprio ambiente doméstico, uma vez que sua instalação modifica o uso e o acesso às peças da casa.

As mercadorias e os objetos mudaram de sentido, posto que, em vez de designar uma coisa simples, articulada com o universo da necessidade imediata, criam-se cada vez mais mercadorias que são estratégicas e políticas, como no caso específico do espaço. Até há pouco tempo, vendiam-se mercadorias como mesas e cadeiras, hoje a sociedade é invadida por pacotes de informações. Se por um lado assistimos à tendência da produção de bens imateriais, por outro vende-se cada vez mais o espaço, inaugurando um movimento que vai do espaço de consumo (particularmente produtivo – aquele da fábrica que cria o espaço enquanto condição da produção, distribuição, circulação, troca e consumo de mercadorias) ao consumo do espaço, isto é, cada vez mais se compram e se vendem pedaços do espaço para a reprodução da vida.

Como afirma Lefebvre, não se vendem mais objetos, tijolos ou habitações, mas cidades. Isso significa dizer que o espaço torna-se mercadoria, entra no circuito da troca, e com isso espaços antes desocupados se transformam em mercadoria, entrando na esfera da comercialização. Na realidade, o processo de reprodução do espaço, no mundo moderno, se submete cada vez mais ao jogo do mercado imobiliário – na medida em que há novas estratégias para a acumulação que se realiza por meio dos empreendedores imobiliários – e das políticas estratégicas do Estado – que tende a criar o espaço da dominação e do controle. Com isso, transforma-se substancialmente o uso do espaço e, consequentemente, o acesso da sociedade a ele. Nesse contexto o valor de troca – impresso no espaço-mercadoria – se impõe ao uso do espaço na medida em que os modos de apropriação passam a ser determinados, cada vez mais, pelo mercado. O consumo do espaço se analisa no movimento da transformação do uso em troca – de sua mutação em mercadoria –, que impõe o fato de que seu acesso se realiza pela mediação do mercado, acentuando o papel e a força da propriedade do solo. Tal fato implica profundas mudanças nos modos de uso. No plano local, a consequência direta desse fato é o aprofundamento da separação entre espaço público/espaço privado. No plano mundial e regional, é a mercantilização dos espaços voltados às atividades do turismo.

É conveniente insistir que o espaço geográfico articula duas dimensões, aquela da localização (um ponto no mapa) e aquela que dá conteúdo a essa localização, que a qualifica e singulariza. Esse conteúdo é determinado pelas relações sociais que aí se estabelecem – o que confere ao espaço a característica de produto social e histórico. Mas por possuir uma materialidade indiscutível, o processo espacial tem uma dimensão aparente, visível na paisagem geográfica marcada pela heterogeneidade própria dos lugares, mas que também mostra o reprodutível, e nesse caso também contém um mundo de imagens, formas, aparências que apontam para a tendência à homogeneização de nossa sociedade e que podem ser mais bem apreciadas na paisagem em que se leem os modos de ocupação.

Nesse contexto, a troca se mundializa de modo inexorável. Dessa forma, o cenário em que se realiza o processo se apoia no desenvolvimento do "mundo da mercadoria". Na vertente espacial, o processo de reprodução indica a tendência da predominância da troca em relação ao uso. O espaço-mercadoria, cada vez mais preso ao universo da troca, fragmentado pelo processo de compra e venda, impõe importantes transformações no plano do uso e do consumo do espaço.

O processo de comercialização e especulação em torno do espaço se acentua. A reprodução espacial, voltada para o reprodutivo e para o repetitivo, produz os simulacros no espaço, consumidos enquanto espaços de turismo e lazer, enquanto simulação de um espaço novo – na realidade, um espaço fragmentado, reduzido e limitado pelas necessidades da acumulação. O espaço do turismo e do lazer são espaços visuais, presos ao mundo das imagens que impõem a redução e o simulacro. E que reduzem a apropriação enquanto "mercadoria de uso temporário" definida pelo tempo de não trabalho.

Assim se revela uma contradição nova entre o espaço que se globaliza e ao mesmo tempo se fragmenta em função da reprodução do espaço enquanto mercadoria, isto é, globalizado, no plano das estratégias, que o hierarquizam, e o espaço se fragmenta para o uso, no plano da vida. Portanto, apesar de se tratar de um espaço mundializado, ele se fragmenta nas formas de apropriação para o trabalho, para o lazer, para a habitação, para o consumo etc. Desse modo, o espaço fragmenta-se em espaços separados, parcelas fixas (compradas e vendidas aos pedaços), produto de uma atividade parcelada, cujo conjunto escapa às pessoas, posto que submisso à troca e à especulação – uma troca que se autonomiza em relação ao uso. Com isso, transforma-se constantemente o lugar e produz-se o estranhamento a partir de sua desfiguração debaixo do concreto armado. No livro *Especulação imobiliária*[1], diante da transformação de uma pequena cidade litorânea italiana, uma personagem de Calvino sente a mudança como "uma parte de si mesma que perdia e da qual ela sentia não poder refazer-se (...) e cada coisa boa da vida que se vai é a própria vida que se vai". Aqui se estabelece o choque entre uso e troca; a propriedade privada invade o cotidiano e provoca o estranhamento do indivíduo instigado pelas mudanças nos usos e nos modos de uso de um espaço que se recria para o consumo dele próprio. Torna-se necessário, para efeito de análise, diferenciar os termos globalização/mundialização. A globalização como fenômeno liga-se à internacionalização da produção, enquanto a mundialização, que diz respeito ao fenômeno de constituição da sociedade urbana, liga-se portanto à produção *latu sensu*. A mundialidade é o projeto de construção de um espaço mundial – é nesse contexto que novas contradições se manifestam, se inventam novos valores, se reorganizam novos espaços a partir da reorganização da sociedade inteira, em função dos centros de poder, dando um novo sentido para o espaço.

A construção da problemática urbana, nesse contexto, envolve a articulação/diferenciação cidade/urbano, iluminando o fato de que a cidade se prende a sua materialização concreta e no plano do próximo, enquanto o urbano se refere à constituição de uma ordem distante que aponta para a constituição da sociedade urbana num contexto mundializado e, com isso, acentua a necessidade de se refletir no modo como se realiza o processo de reprodução socioespacial hoje.

No plano do espaço, a mundialização se analisa no contexto da constituição da sociedade urbana. O mundial passa a ser o ponto de partida e de chegada da análise. O mundial que se entrevê no horizonte como possibilidade, já parcialmente realizada, é um elemento indiscutível na elucidação do mundo moderno. A questão do mundial implica uma nova disposição do espaço inteiro – um espaço real e concreto – que se reorganiza em função de um novo estágio da divisão do trabalho em escala mundial, de modo a acentuar a hierarquização dos espaços pela geração de novas centralidades. A noção de mundialização refere-se às transformações que fogem ao estritamente econômico e dizem respeito ao social, cultural, político e ideológico, ao mesmo tempo que se revelam no plano da mundialidade.

Nesse contexto de produção de aparências, a mundialização restabelece/reforça o "mundo da mercadoria" e desenvolve os limites da troca. As relações entre processo de produção e desenvolvimento das forças produtivas produzem no mundo moderno novas possibilidades de realizar a acumulação, que, em sua fase atual, liga-se cada vez mais à produção do espaço-produção que se coloca numa nova perspectiva, onde novos lugares ganham valor de uso. O processo de reprodução do espaço a partir do processo de reprodução da sociedade se realiza, produzindo novas contradições, suscitadas pela extensão do capitalismo, o que nos coloca diante da necessidade de aprofundar o debate em torno das contradições entre o espaço público e o privado; espaço do consumo e consumo do espaço; abundância relativa da produção e criação de novas raridades (o espaço da montanha, das praias); fragmentação do espaço no contexto de sua globalização. Todavia a contradição entre o processo de produção social do espaço e sua apropriação privada está na base do entendimento da reprodução espacial, direcionando os modos de consumo do espaço.

Constata-se, hoje, a tendência segundo a qual cada vez mais os espaços são destinados à troca, o que significa que a apropriação e os modos de uso tendem a se subordinar cada vez mais ao mercado. Em última instância, isso significa que existe uma tendência à diminuição dos espaços, onde o uso não se reduz à esfera da mercadoria e o acesso não se associa à compra e venda de um "direito de uso temporário". Há cada vez mais o lazer e o flanar; o corpo e os passos são restritos a lugares vigiados, normatizados, privatizados. Esse fato é consequência da "vitória do valor de troca sobre o valor de uso"[2], isto é, o espaço se reproduz, no mundo moderno, alavancado pela tendência que o transforma em mercadoria – o que limitaria seu uso às formas de apropriação privada.

Nesse processo, o espaço produzido serve cada vez mais às necessidades da acumulação. Por sua vez, as relações de produção que engendram as atividades de repartição e consumo realizam-se sob a égide da liberdade e da igualdade, sob a lei do reprodutível, do repetitivo, anulando as diferenças no espaço e no tempo, destruindo a natureza e o tempo social. Essa ideia está na origem da discussão dos espaços turísticos e de lazer produzidos a partir de estratégias da reprodução, num determinado momento da história do capitalismo e que se estende cada vez mais ao espaço global, criando novos setores de atividade, dentre eles o turismo, como extensão das atividades produtivas. O turismo representa a conquista de uma importante parcela do espaço que se transforma em mercadoria (e que entra no circuito da troca), como é o caso de praias, montanhas e rios, tornando-se um novo e rentável ramo da atividade produtiva, sob essa determinação. Nesse sentido os lugares passam a ter existência real em decorrência de sua trocabilidade por intermédio da atividade dos promotores imobiliários que se servem do espaço como meio voltado à realização da reprodução.

Tendencialmente o espaço produzido enquanto mercadoria entra no circuito da troca, atrai capitais que migram de um setor da economia para outro, de modo a viabilizar a reprodução. Nesse contexto, o espaço é banalizado, explorado, e as possibilidades de ocupá-lo são sempre crescentes, o que explica a emergência de uma nova lógica associada a uma nova forma de dominação do espaço que se reproduz ordenando e direcionando a ocupação, fragmentando o espaço vendido em pedaços e, com isso, tornando os espaços trocáveis a partir de operações que se realizam no mercado. Desse modo, o espaço é produzido e reproduzido enquanto mercadoria reprodutível.

No contexto em que novas áreas adquirem valor de uso, o processo de apropriação passa a ser determinado pelas leis do mercado, isto é, definido pela sua trocabilidade. Nesse caso, as parcelas do espaço, sob a forma de mercadoria, se encadeiam ao longo dos circuitos da troca – a partir de uma estratégia e de uma lógica. Assim as particularidades dos lugares do espaço se afirmam, potencializadas pela produção, pois o uso só pode se realizar num determinado lugar, isto é, refere-se à escala local (apesar de articulados cada vez mais ao global – pela constituição da sociedade urbana). O espaço dominado, controlado, impõe não apenas modos de apropriação, mas comportamentos, gestos, modelos de construção que excluem/incluem. Produz a especialização dos lugares, determina e direciona fluxos, originando centralidades novas.

A criação de espaços turísticos e de lazer, por exemplo, a partir de novas estratégias interfere na produção de novas centralidades, no sentido de que produz polos de atração que redimensionam o fluxo das pessoas num espaço mais amplo. Um movimento que é orientado pelo desenvolvimento da informação e do marketing, que "inventa" lugares onde as pessoas devem passar as férias, influenciando o consumidor com sua ideia de "paraísos terrestres" onde o cotidiano se encontra em aparente suspensão. O fato de que o espaço se transforma em mercadoria produz uma mobilização frenética desencadeada pelos promotores imobiliários – no plano do lugar – e pode levar à deteriorização ou mesmo à destruição de antigos lugares, em razão da realização de interesses imediatos, em nome de um presente programado e lucrativo, que traz, como consequência, a destruição de áreas imensas que passam a fazer parte do fluxo de realização do valor de troca.

Assim, o próprio lazer e o turismo hoje constituem uma forma nova de mercadoria, que aparece como programa, presa ao universo do consumo do espaço. O turismo e o lazer que se transformam em mercadoria, como consequência da separação do tempo de trabalho/não trabalho, unem-se de modo inexorável pela mercantilização dos espaços que os direcionam e os reproduzem para a auferição de lucro – o lazer se transforma em atividade geradora de lucro. Mesmo o chamado turismo ecológico não foge ao universo da mercadoria – ele apenas segmenta um mercado que quer se diferenciar – e constitui o "uniforme" sob a aparente diferença das coisas –, uma estratégia, num mundo em que a produção em escala deixa de ser o elemento fundamental para a realização da acumulação. E a produção de "aparências" passa a ser um modo de "viver o reino da tecnologia".

O turismo representa a conquista de uma importante parcela do espaço que se transforma em mercadoria (ou que entra no circuito da troca) e, nesse sentido, alguns lugares só têm existência real por causa de sua trocabilidade, isto é, enquanto mercadoria que se consome. Campo da autorregulação voluntária e planificada, o cotidiano, enquanto construção da sociedade, se organiza segundo uma ordem fortemente burocratizada e preenchida por repressões, coações e pressões em todos os níveis, que incluem a vida familiar, o tempo do não trabalho e a imposição do que e como consumir.

Se o turismo, enquanto atividade econômica, articula-se no plano mundial e regional, atraindo e redimensionando constantemente o fluxo, sempre crescente, de pessoas, não podemos esquecer que o lazer produz o mesmo comportamento no plano do lugar – e refere-se a um tempo mais limitado como aquele do fim de semana ou de uma noite – e se apresenta como um campo fértil para a análise do consumo do espaço.

Nessa vertente de raciocínio e tomando como pano de fundo para a análise a metrópole, podemos afirmar que o processo de reprodução espacial na grande metrópole é influenciado pelo desenvolvimento de uma nova atividade, produtiva, um novo ramo econômico: o turismo e o lazer. Essa atividade, que se articula à tendência de transformação do espaço em mercadoria, traz profundas mudanças, visto que é uma atividade que redefine singularidades espaciais e reorienta seu uso com novos modos de acesso.

Como decorrência, podemos afirmar que existem profundas mudanças nos espaços públicos da metrópole – tanto no que se refere a sua diminuição, limitando as formas de acesso aos lugares onde se desenrola a vida, quanto ao seu uso com transformações nas formas de apropriação do espaço, influenciando, como consequência, as relações entre o cidadão e a metrópole. A metrópole em sua visão de grandiosidade aparece em formas exuberantes como o símbolo do "moderno", marcado por construções arquitetônicas arrojadas – se bem que semelhantes –, vias expressas em grande quantidade – pontes, viadutos, túneis sinalizam a hegemonia do automóvel.

Cada vez mais, novas avenidas rasgam o tecido urbano para permitir o afluxo de um número sempre crescente de carros particulares e, com sua construção, quarteirões inteiros são derrubados e com eles áreas públicas. Tal processo gera modificações profundas na vida cotidiana, pelas mudanças que são impostas aos trajetos, ao ritmo dos passos, às possibilidades do encontro e do acaso. Nesse processo, se diluem ou se destroem os referenciais urbanos indispensáveis à manutenção da identidade entre o cidadão e a cidade, cada vez mais marcados por uma relação espaço-temporal dominada pela mercadoria. Com a diminuição/normatização dos espaços públicos, o uso do espaço para o lazer tende a se transfigurar numa atividade paga. Com isso, presenciam-se profundas mudanças que influenciam as práticas socioespaciais.

Como o processo de reprodução espacial articula-se no plano da reprodução da vida, é preciso considerar o ponto de vista do habitante, para quem o espaço se reproduz enquanto lugar onde se desenrola a vida em todas as suas dimensões – o habitar e tudo o que ele implica ou revela. O viver em um lugar se revela enquanto constituição de uma multiplicidade de relações sociais como prática espacial que está na base do processo de constituição da identidade com o lugar e com o outro e que foge à racionalidade homogeneizante hegemônica (imposta pela sociedade de consumo), que define um tempo e um modo de uso. Aqui se revela a dimensão do diferente, aquilo que tem capacidade de engendrar usos criando conteúdos diferenciados a partir de formas espaciais dominantes. Esse comportamento que foge ao programado se liga à ideia do espaço apropriado para a realização dos desejos, isto é, lugares reapropriados para um outro uso sem a intermediação da propriedade privada ou das normas impostas pelo poder político – cujo caso mais marcante se refere às formas de uso da rua.

Na metrópole, o caminho vira rua, depois se transforma em avenida e nesse ponto da história das formas de apropriação da cidade, nesse contexto, a rua deixa de ser extensão da casa para se contrapor a ela. O que temos hoje é a casa, na metrópole trancada com as pessoas dentro diante da televisão, com contatos esporádicos de vizinhança, pois cada vez mais a casa tem a função de preservar a individualidade, reforçando o privado. Desse modo o que era público, o que acontecia no ambiente da rua se fecha intramuros. Os lugares da cidade se delimitam, se fecham e se tornam exclusivos. De um lado produz-se um espaço onde se limitam cada vez mais as rupturas entre os lugares do trabalho, do lazer, da moradia, onde a estratificação socioespacial se revela nos acessos diferenciados funcionalmente. De outro, como a sociedade existe no uso dado pelas divisões no espaço, as atividade tendem a se desenvolver, na metrópole, em ambientes fechados. Na década de 50/60 os sócios do Clube Tietê, localizado às margens do rio Tietê, nadavam em suas águas; hoje estão trancafiados dentro dos muros do clube. A várzea do rio cedeu lugar à construção das marginais, de trânsito rápido, e com isso uma área de lazer da cidade se perdeu. Os campos de futebol de várzea que ali abundavam foram destruídos, cedendo à passagem da avenida, por isso não se joga mais futebol ou se aluga um campo privado para sua prática. Os jogadores de futebol amadores precisam de um ingresso para assistir às partidas de futebol nos estádios – de praticantes, membros ativos, transformam-se em meros espectadores. Como no futebol, outros esportes são relegados aos espaços privados, e com isso pontuam na metrópole as quadras alugadas com essa finalidade: são as academias de ginástica, escolas de natação ou clubes; enquanto isso, inúmeros edifícios, que se constroem sem parar, já nascem com estrutura privada de lazer (playground, saunas, quadras de esporte). O que significa que se atenua a sociabilidade na metrópole com o aprofundamento da diferenciação entre o público e o privado.

A atenuação da sociabilidade é marcada pelo fim das atividades que aconteciam nos bairros, como a atenuação das relações de vizinhança provocada pela invasão da televisão, num primeiro momento, e pelo adensamento dos automóveis, que tiraram as cadeiras das calçadas (onde, nas noites quentes, os adultos se sentavam acompanhando as brincadeiras das crianças, que corriam alegremente pela rua); o fim das procissões, em que todos se encontravam; o fim das quermesses que marcavam o período das festas juninas; o fim dos encontros nas esquinas (principalmente nos antigos bairros italianos, onde os jovens se reuniam à porta sem precisar consumir nada, apenas para conversar, e que hoje quase não existem mais), os ensaios das escolas de samba que antes aconteciam nas ruas dos bairros e hoje foram confinadas a quadras cobertas e fechadas. A isso se soma a destruição de ruas e praças em antigos bairros, marcando o fim dos pontos de encontro etc.

Em contrapartida, há uma indiscutível mudança no sentido das ruas da metrópole, imposta pela ideia do público como aquele que não pode transgredir, enquanto a implosão da cidade produz novas centralidades que redefinem constantemente o fluxo de pessoas em busca dos espaços de lazer e, com isso, lugares se transformam em espaços de exclusão, enquanto a vida tendencialmente se reproduz no plano dos espaços privados. Contraditoriamente, a rua une e separa, é o universo da impessoalidade e do anonimato, revela formas sociais através dos cheios e vazios. De um lado, a rua se torna o domínio das relações sociais entre estranhos, *locus* de uma sociabilidade fria e distante. De outro lado, alude à ideia de que o espaço público volta-se a uma pluralidade de usos, como a lembrar que esse espaço da cidade é, fundamentalmente, aquele do encontro de pessoas – direta ou indiretamente –, da visibilidade das ações.

Não se trata, aqui, de opor o público ao privado; na realidade, o espaço público tem uma multiplicidade de sentidos para a sociedade em função da cultura, dos hábitos e costumes. Não se reduz àquele dos equipamentos coletivos, já que tem um outro sentido enquanto possibilidade de apropriação múltipla funcionando como lugar de encontros/desencontros. O público pode ser também o lugar da comunicação, do diálogo, da extensão do morar, onde as crianças podem brincar, os jovens namorar e todos podem se expor, conversar, reivindicar. Aqui, produz-se uma visibilidade que cria identidades – a identidade que humaniza as relações por laços de convivência e pela sensação de "pertencer" ao grupo e ao lugar. Isso porque o uso guarda a dimensão da vida. É nesse sentido que o espaço público refere-se a usadores, e não a usuários de equipamentos coletivos – uma diferença que se coloca como fundamental. Assim, os usos da rua, marcados pelas formas de apropriação diferenciadas, são momentos privilegiados para o entendimento de como se organiza a sociedade através de seus hábitos e costumes, pois a rua junto com a moradia cria o quadro onde se desenrola a vida.

O uso enquanto forma de apropriação realiza-se enquanto expressão do corpo, isto é, o espaço é vivenciado pelo corpo com o emprego dos sentidos, dos membros, que formam a base prática da percepção do mundo exterior. José de Alencar afirma por um de seus personagens, no romance *Lucíola*: "Espaciei meu corpo pela rua do Ouvidor, os espíritos pelas novidades do dia; os olhos pelo azul cetim do céu e pelas galas de luxo europeu expostas nas vidraças. Era domingo, o ócio dos felizes desocupados tinha ganhado o campo e os arrabaldes".[3] O sujeito, membro de um grupo, com o espaço implica uma relação com seu próprio corpo e reciprocamente. A prática social tomada globalmente supõe o uso do corpo, emprego das mãos, membros, órgãos sensoriais, gestos do trabalho e das atividades fora do trabalho (...) o corpo é um elemento espacial (...) o espaço foi produzido antes de ser lido e não é produto para ser lido, mas para ser vivido por pessoas que têm um corpo e uma vida no contexto urbano (...) O homem prova o espaço com todo o seu corpo, o cheiro, as pernas, o ouvido que percebe os ruídos com o olho que vai vendo, (...) é a partir do corpo que o homem se percebe e vive o espaço, isso significa que há uma relação imediata entre o corpo e seu espaço, entre o deslocamento no espaço e a ocupação do espaço (...); antes de se produzir e se reproduzir, cada corpo vivo é um espaço, o corpo com suas energias disponíveis, o corpo vivo que cria e produz seu espaço. A produção do espaço, inicialmente aquela do corpo, vai até a produção do habitar que serve ao mesmo tempo de instrumento e meio, compreende relações e movimentos, seguem-se para o corpo os lugares fundamentais, os indicativos do espaço são inicialmente qualificados pelo corpo, corpo em ato objeto de um dispêndio de energia, agressão ou desejo.[4]

O *topos* é o lugar de possibilidades e potencialidades. Os usos da rua são permeados por relações determinadas pela articulação espaço-temporal, sendo submetidos à lógica capitalista que impõe o produtivismo, transforma o tempo em quantificação (uma quantidade abstrata) e o espaço numa distância a ser percorrida. As relações de propriedade criam os limites do uso, com a tendência à destruição do espaço público como espaço acessível. Com isso limitam, pelo exercício do poder, uma ação que destrói o espaço da sociabilidade e proximidade, substituindo-o por aquele dos interditos em nome da lei e da ordem. Um exemplo claro disso é o que acontece no Carnaval, na cidade de São Paulo. As escolas de samba que desfilavam pelas avenidas centrais da cidade, hoje estão confinadas ao espaço do sambódromo, especialmente construído para os desfiles. Tal fato normatiza uma festa que era popular e espontânea, agora é capturada e vendida como mercadoria. O que explica a construção do sambódromo é a ideia de que "ele foi construído dentro do Parque Anhembi, fora das rotas internas de tráfego (...) e pode ser alcançado por uma malha viária funcional (...) Os sambistas ganharam de fato um lugar que reúne um bom número de condições técnicas para desempenharem-se"[5]. Ao mesmo tempo que se faz a apologia da técnica, enquadra-se o cidadão em papéis que lhe são impostos pela normatização da sociedade e "mata-se a rua". Ao mesmo tempo que marca os limites do consumo do espaço e transforma o folião num espectador. O desfile também perde sua criatividade espremido no espaço e com prazos regiamente estipulados por uma comissão julgadora. De festa, o Carnaval se transforma em espetáculo, num cenário propício e com regras estipuladas.

O consumo do espaço se analisa no movimento de generalização da transformação do espaço em mercadoria, que impõe ao uso a existência da propriedade privada das parcelas do espaço. Assim o processo de reprodução do espaço aponta para a tendência da predominância da troca sobre os modos de uso, o que revela o movimento do espaço de consumo para o consumo do espaço.

NOTAS

1. Calvino, Italo. *Especulação imobiliária*. Rio de Janeiro: Ed. Nova Fronteira, 1986, p. 9.
2. Apontado por Henri Lefebvre, em muitos de seus livros.
3. Página 48.
4. Lefebvre, Henri. *La production de l'espace*. Paris: Anthropos, 1974, pp. 233-243.
5. O Carnaval ganha seu espaço e já não pede passagem. *Veja*, 06/02/91.

REGIÃO E GEOGRAFIA. A NOÇÃO DE REGIÃO NO PENSAMENTO GEOGRÁFICO

*Sandra Lencioni**

INTRODUÇÃO

A palavra região torna os geógrafos prisioneiros de um problema complexo, pois tem sentidos variados. É uma palavra de uso corrente e, como às vezes ocorre com o discurso geográfico, se exprime por metáforas, a exemplo da expressão "região que trabalha". Uma outra dificuldade decorre do fato de a palavra região assumir, frequentemente, um caráter ideológico, na medida em que serve de referência para a construção de mistificações geográficas, tornando-se, por isso, um instrumento de manipulação política.

A palavra região está presente no conhecimento elaborado desde a Antiguidade, caracterizado por inventários e pela intimidade entre o sagrado, o mítico e o real. Essa palavra aparece com destaque nos estudos sobre as diferenças e os contrastes da superfície da Terra, que foi denominado, pelos gregos, de estudo corográfico.

Aos gregos podemos creditar a primeira regionalização concebida com algum método. Quem primeiro traçou um mapa-múndi e procedeu a uma regionalização da Terra foi Hecateu de Mileto (550-475 a.C.), divulgando a regionalização de Pitágoras, na qual as cinco zonas climáticas da Terra corresponderiam a uma zona

* Professora livre-docente do Departamento de Geografia da Faculdade de Filosofia, Letras e Ciências Humanas da Universidade de São Paulo.

tórrida, uma temperada, duas frias e, ainda, uma zona tropical. Mas é em Estrabão (63 a.C.-25 d.C.) que encontramos o marco inaugural da geografia regional. Seus recortes não são feitos a partir de parâmetros geométricos – embora considerasse a geometria o fundamento da geografia –, mas são estabelecidos segundo a composição territorial das civilizações[1].

Dentre as contribuições para o desenvolvimento da geografia regional, gostaríamos de destacar Al-Idrisi, século XII, que, seguindo a divisão do mundo de Ptolomeu, elaborada com parâmetro no clima, criou uma divisão mais detalhada da Terra, expressa em 70 regiões, tendo procedido à descrição de cada uma delas, ilustrando-as com um mapa. Mas foi com Bernhard Varenius, no século XVII, que o conhecimento geográfico assumiu a distinção entre geografia geral e geografia especial, esta última com o sentido de geografia regional.

PERSPECTIVAS DIVERSAS NO ESTUDO REGIONAL

O pensamento científico moderno, inspirado na filosofia iluminista e no idealismo alemão, revolucionou a forma de analisar e interpretar a natureza e a sociedade. O conhecimento geográfico se conformou como ciência no momento em que – sob a inspiração iluminista, com sua visão de mundo assentada na razão e na experimentação – buscou a formulação de teorias e conceitos gerais que possibilitaram a construção de generalizações e abstrações. Com a perspectiva idealista questionando a razão infinita e demonstrando seus limites, valorizou-se o particular.[2]

O avanço dos estudos geográficos, centrando-se, ora na análise dos fenômenos da natureza, ora nos aspectos que interessam à sociedade, conduziu a uma tendência à separação da geografia como ciência da natureza ou como ciência do homem. Assim, a própria evolução da ciência geográfica acabou por comprometer a particularidade de seu campo de conhecimento fundado na análise da unidade dos aspectos físicos e humanos da realidade.

A solução para essa cisão da disciplina e, consequentemente, para a perda de sua identidade, veio por meio do estudo regional. Ele possibilitava combinar o procedimento metodológico de análise das relações causais e de construção de leis gerais, bastante pertinentes ao estudo dos fenômenos naturais, com a perspectiva que não buscava construir generalizações, bastante presentes na busca da compreensão dos aspectos da vida social e cultural. Desse modo, o espectro da cisão da disciplina e o comprometimento de sua identidade se resolviam pelo estudo regional que tentava relacionar os fenômenos físicos e humanos de uma dada área. Por isso é que se consagraram os estudos regionais como a alternativa de manutenção da unidade da disciplina geográfica.

Foi com Paul Vidal de La Blache (1845 -1918), um pensador do possível, ou seja, das inúmeras possibilidades que o homem tem diante da vida, que a geografia regional alcançou grande desenvolvimento. Para ele, a ciência geográfica deveria observar e compreender a singularidade dos lugares. Seu objetivo deveria ser o de compreender o único, mais do que indagar por um conceito que o definisse. Por isso não encontramos em La Blache uma definição de região.

Compartilhando a mesma visão de Friedrich Ratzel em relação à visão de homem e de natureza, como constituintes de uma unidade, não como opostos, afirmou que a "síntese regional... é o objetivo último da tarefa do geógrafo, o único terreno sobre o qual ele encontra a si mesmo"[3]. O ponto de vista de La Blache era que a região podia ser objetivamente distinguida na paisagem e que os homens têm consciência da existência das regiões à medida que constroem identidades regionais.

Contudo, as monografias regionais acabaram construindo uma geografia que destacava o caráter único de cada estudo regional, sem preocupação com o estabelecimento de leis e princípios gerais no conhecimento da realidade. Portanto, acabou comprometendo o *status* científico da disciplina e conduzindo a um novo impasse teórico: a dicotomia entre geografia regional e geografia geral.

Esse impasse tinha como cenário a consciência social de que o mundo não era um todo harmônico; pelo contrário, era fragmentado e em tensão permanente, na qual a barbárie dos tempos modernos emergia. A revolução técnica, comprometendo um dos primeiros conceitos geográficos, o de ecúmeno e anecúmeno, conduziu à percepção da natureza como coisa, como objeto manipulável. Pensar o mundo como um todo orgânico, como um organismo vivo, cedeu lugar a pensá-lo, mais e mais, como sendo uma estrutura inorgânica e fundamentalmente mecânica.

O impasse da dicotomia da geografia, como ciência voltada para os estudos gerais ou uma ciência dirigida a estudos particulares, ou seja, como uma ciência nomotética ou ideográfica, foi objeto de reflexão de Alfred Hettner, cujo pensamento buscava um retorno a Kant. Para ele, a geografia não era nem uma ciência nomotética nem idiográfica. Era ambas. Buscando responder à questão de qual seria a essência da geografia, Hettner considerou que a essência estaria no estudo das diferenciações da superfície terrestre. Assim, afirmou a vertente corológica da disciplina geográfica, ou seja, o estudo regional.

Hettner e La Blache afirmam o estudo regional, porém com concepções de região diametralmente opostas. Enquanto para La Blache a região se evidencia na paisagem, para Hettner ela não é autoevidente. Os limites regionais são provenientes de um exercício intelectual, uma construção intelectual do pesquisador.

Dentre as influências de Hettner cabe destacar o pensamento de Richard Hartshorne, que considera que a análise geográfica deve se voltar para o entendimento da diferenciação das áreas da superfície terrestre. Para Hartshorne, não existe um objeto particular à ciência geográfica nem tampouco fenômenos particulares à geografia, sendo de interesse da ciência geográfica todos os fenômenos que têm uma dimensão espacial. Hartshorne considera que é na apreensão das inter-relações entre os fenômenos que a diversidade da superfície terrestre é produzida. Para ele, os marcos divisórios entre as regiões decorrem das descontinuidades produzidas quando o grau de integração dos fenômenos é pequeno, podendo haver até mesmo uma região descontínua.

A crítica a Hartshorne e a todos os geógrafos influenciados pelo neokantismo foi desenvolvida, sobretudo, pelos geógrafos influenciados pelo positivismo lógico. Com a crença na neutralidade da ciência e na consideração de que as questões metafísicas são pseudoproblemas, eles entendiam que a descrição científica, a partir de uma análise lógica, deveria apreender a estrutura do objeto e sua essência. Essa visão se traduziu na crítica aos particularismos, presentes, sobretudo, na análise regional e na busca de formulação de leis gerais relativas à distribuição das características da superfície da Terra. A preocupação centrou-se na elaboração de enunciados e normas científicas, os quais teriam sua pertinência se fossem passíveis de verificação. A busca de rigor científico e de universalidade, de homogeneização de procedimentos e de unidade, não só em relação à linguagem, mas também quanto ao método, acabou se constituindo no principal parâmetro da geografia sob a perspectiva do positivismo lógico.

Essa geografia de posição anti-historicista significou a abolição de toda ideia de processo, de gênese e de origem e a desconsideração dos marcos sociais em que se desenvolvem os fenômenos. Premissas claras, limitadas e precisas, tanto quanto objetividade nos procedimentos de investigação, e o contínuo ajuste do modelo proposto à realidade figurada eram estimados com o objetivo de garantir a demonstrabilidade das teorias e a possibilidade de estabelecer projeções futuras.

A matemática passou a fazer parte da geografia como linguagem significando que tudo o que é geográfico deve encontrar uma linguagem matemática, por assim dizer, uma expressão matemática. Imbuídos da posição de que o procedimento científico deve partir de teorias, formulando hipóteses e, em seguida, proceder à observação, esta passou a se situar no final, não no início da análise. Encaminhamento completamente diverso do que até então se fazia.

Por intermédio dos modelos matemáticos aplicados à geografia buscou-se encontrar uma ordem no real, uma lógica na organização do espaço. A possibilidade de estimar projeções e de fazer prognósticos torna-se então factível. Por isso é que, nesse momento, desvendar a ordem subjacente do espaço e estimar projeções aproximou a geografia do planejamento. Em particular, desenvolveu-se uma íntima relação entre os estudos regionais e o planejamento regional. Como decorrência, a região se tornou um instrumento técnico-operacional, a partir do qual se procurou organizar o espaço.

A tradicional descrição geográfica revestiu-se de novo significado e passou a ser relacionada à classificação entendida como agrupamento de objetos em classes segundo semelhanças. Como consequência, desenvolveu-se a relação entre região e classe, já que qualquer descrição remete à necessidade de uma determinada ordem para se efetivar. A região se colocou, assim, como uma classe, sendo determinada teoricamente. Nesse sentido, regionalizar passou a significar classificar regiões.

A velha questão do determinismo geográfico ressurgiu, não tendo mais como base a discussão da relação homem meio, mas a da relação entre variáveis. O determinismo apareceu como determinismo de uma variável independente sobre as dependentes, ou seja, numa versão matemática. Por isso, esse procedimento acabou sendo reconhecido como a face científica do determinismo geográfico.

Na análise regional, utilizou-se da teoria geral dos sistemas tentando resolver várias questões, como a delimitação funcional da região, a definição da escala regional e a coesão do conteúdo regional. Menos importante era reconhecer ou determinar as regiões historicamente definidas; mais relevante era classificar as regiões, hierarquizá-las e verificar suas relações funcionais. Na linguagem geográfica, se vulgarizou a expressão subespaço para se referir à região. Os questionamentos teóricos da geografia passaram muitas vezes a se situar como modelos. A discussão começou a ser a dos modelos. Dessa forma, os impasses e os problemas advindos dos procedimentos na análise geográfica e na análise regional eram creditados à imperfeição das técnicas e dos modelos de análise.

Acima de tudo, essa perspectiva geográfica se definiu como ciência do espacial. O interesse pelas particularidades colocou-se em último plano, interessando mais as regularidades espaciais. Mas o reino do espacial foi abalado pela crítica de que não há processos espaciais sem um conteúdo social e não há causas e processos puramente espaciais. Cada vez mais começou a se desenvolver e a se afirmar a ideia de que o espaço é uma construção social e que para entender a geografia é preciso entender a sociedade. Sociedade que parecia, cada vez mais, encoberta por mistificações, fetichizada e alienante.

As críticas à influência do positivismo lógico na geografia se avolumaram e a busca de novos caminhos significou o desenvolvimento de outras correntes do pensamento geográfico, tais como a fenomenologia e o marxismo, que, de diferentes maneiras, acentuaram a preocupação com o caráter social da geografia e conduziram à construção de novos parâmetros para o estudo regional. Uma nova geografia regional se apresentou com novas preocupações.

A fenomenologia prioriza a percepção e entende que qualquer ideia prévia que se tenha da natureza dos objetos deve ser abolida. Acredita que toda disciplina deve questionar a essência que funda o objeto de sua investigação científica afirmando o mundo vivido como possibilidade de viver a experiência sensível e de poder simultaneamente pensá-la de forma racional. Ela chama a atenção para o fato de que é por intermédio do vivido que o indivíduo se põe em contato com o mundo dos objetos exteriores. Por isso, pela compreensão racional do vivido, com sua dimensão subjetiva, distante do mundo objetivo e abstrato da ciência, é que se alcança a essência dos objetos tal como eles se apresentam na consciência. Portanto, por meio do percebido é que o homem se põe em contato com os objetos exteriores, e não do concebido, ou seja, não de ideias prévias, de ideias preconcebidas ou de conceitos elaborados. A consideração da percepção advinda das experiências vividas é tida como uma etapa metodológica importante e fundamental para o conhecimento.

Até então na geografia a única interrogação em termos comportamentais dizia respeito a como o homem era condicionado pelo meio, por isso a incorporação da subjetividade desses sujeitos na análise geográfica pode ser considerada inovadora. A influência da fenomenologia na geografia indicou que a consciência, diante de qualquer objetivação científica, é sempre uma consciência engajada, negação de qualquer imparcialidade. Além disso, ao ressaltar que a realidade social tem uma dimensão estética e fantástica, afirmou a importância da estética e do imaginário, dizendo que deveriam ser levados em conta na análise geográfica.

Com uma visão antropocêntrica do mundo e uma recuperação do humanismo, a geografia sob inspiração fenomenológica incorporou e salientou a dimensão dos valores sociais e culturais, bem como a valorização da história e do mundo vivido. Aspectos a que a geografia, no século XIX, sob a influência do romantismo, já havia chamado a atenção e que estavam sendo resgatados de um ponto de vista humanístico.

O espaço, devido a sua dimensão abstrata, deixou de ser a referência central, que passou a ser o espaço vivido, aquele que é construído a partir da percepção das pessoas. Espaço vivido e, mais do que isso, interpretado pelos indivíduos. Igualmente, espaço vivido como revelador das práticas sociais.

Considerando os objetos como fenômenos e como esses objetos aparecem na consciência, o enfoque regional começou a desenvolver novos temas. A discussão de como o espaço é percebido e quais são os significados e valores modelados pela cultura e pela estrutura social que são atribuídos ao espaço passaram a ser analisados com o objetivo de compreender o sentimento que os homens têm de pertencer a uma região. Assim, procurou-se apreender os laços afetivos que criam uma identidade regional. A identidade dos homens com a região se tornou então um problema central na geografia regional de inspiração fenomenológica.

Recuperou-se a vertente historicista da geografia, à medida que a região passou a ser considerada como um produto da história e da cultura. Por meio de induções sucessivas, procurou-se compreender como se constitui o sentimento que os homens têm de pertencer a uma determinada região. Sentimento que emana do interior e do íntimo das pessoas. A região, portanto, começou a ser vista como não constituindo uma realidade objetiva, pelo contrário, ela foi concebida como construção mental, individual, mas também submetida à subjetividade coletiva de um grupo social, por assim dizer, inscrita na consciência coletiva.

A análise regional procurou superar a investigação da dinâmica econômica ou da estrutura social da região, tentando compreender como o homem se coloca em relação à região e, nesse sentido, procurando analisar os aspectos estrutural, funcional e subjetivo da região. O primeiro é relativo a como estão organizados os elementos que constituem a região; o segundo diz respeito à dinâmica regional e o terceiro interessa à relação do aspecto estrutural e funcional da região com o aspecto subjetivo, por exemplo, relacionando as imagens mentais que os homens constroem acerca do espaço vivido.

Embora a incorporação do vivido seja de suma importância para a compreensão do espaço, houve muitos obstáculos ao desenvolvimento desses aspectos revelados pela perspectiva fenomenológica da geografia regional. Isso decorreu de três ordens de fatores. O primeiro devido à geografia de inspiração fenomenológica ter de se confrontar com o positivismo lógico, que era acadêmica e socialmente reconhecido diante de sua proposta de explicação e de intervenção na realidade. O segundo decorreu do fato de ela não ter desenvolvido uma metodologia consistente, o que acabou se constituindo na sua maior fraqueza. O terceiro, ao se centrar nos atores sociais, negligenciando os aspectos naturais, acentuou a divisão entre geografia humana e geografia física, chegando, até mesmo, a rejeitar os vínculos com as ciências naturais.

Ainda que a geografia de influência fenomenológica tenha conhecido a crítica de ser um pensamento idealista por tratar os lugares a partir dos seus significados e do que eles representam, trouxe à luz aspectos importantes para a análise regional ao colocar em cena a discussão do percebido e do vivido.

A perspectiva marxista na geografia destacou outros aspectos da realidade, entre eles a recuperação da perspectiva histórica na análise geográfica por meio da afirmação de que a relação do homem com a natureza e com os outros homens é intrinsecamente social e histórica. Essa perspectiva histórica se traduziu em pesquisas geográficas que buscavam desvendar a gênese dos processos, conduzindo a uma série de estudos sobre a própria história da geografia.

Como propagadora de um pensamento crítico, a geografia de inspiração marxista procedeu a uma revisão interna do pensamento geográfico. De imediato, enfrentou o problema teórico-metodológico quanto ao fato de a região não se constituir numa categoria de análise marxista. Concebendo o espaço como um produto social, chamou a atenção para o fato de que a geografia havia procurado ver mais os padrões espaciais e menos a pertinência de tais padrões. Questionou o fato de a geografia se preocupar em perguntar como os processos se dão, afirmando que, além dos esforços para desvendar o "como" e o "porquê" dos processos, deveria também investigar os interesses sociais envolvidos nos processos relacionados à produção do espaço.

A perspectiva geográfica influenciada pelo marxismo, semelhante a outras correntes do pensamento geográfico, concebeu a região como parte de uma totalidade. A diferença agora residia no fato de que essa totalidade não era mais concebida nem como uma totalidade orgânica ou lógica, nem como uma totalidade harmônica. Foi concebida como uma totalidade histórica. Estava visível que essa não se constituía numa totalidade harmônica porque a preocupação, naquele momento, em denunciar as injustiças e as desigualdades sociais do capitalismo revelava os limites da compreensão do mundo como um todo harmônico. O mundo era percebido como uma totalidade não harmônica, como um conjunto disjunto fazendo emergir como noção necessária para a análise a noção de diferença que se tornou central na condução das análises geográficas. Por isso que nas discussões da geografia os temas do desenvolvimento desigual e combinado e do subdesenvolvimento foram privilegiados como investigação.

Um dos aspectos mais positivos da incorporação do marxismo em relação à temática regional foi a crítica à fetichização do espaço. Essa abordagem também apontou para o quanto a reconstituição histórica pode ser reveladora para a compreensão da região em estudo. Em muitas análises, a região passou a ser vista como produto de uma divisão territorial do trabalho, tendo como referência o processo geral de produção capitalista. Isso acabou repercutindo em análises regionais nas quais as regiões apareciam como derivações de processos gerais e, em muitos casos, as características internas e particulares à região foram colocadas em segundo plano.

Também houve, indevidamente, a transferência da ideia de exploração capitalista de uma dada classe social pela outra, para a formulação de que haveria exploração de uma região por outra. Assim, mecanicamente transposta a noção de exploração para análise espacial, se traduziu no entendimento da região como sujeito social.

A geografia regional sob a inspiração marxista, a despeito de todas as falácias de uma proposta renovadora, trouxe grandes contribuições ao desenvolvimento da análise regional, tendo introduzido novas categorias de análise para o estudo regional. Essa geografia, que emergiu na crítica da sociedade moderna aos (des)caminhos do desenvolvimento capitalista e que teve sérias dificuldades para se desenvolver nos centros acadêmicos, dada a transparência de sua perspectiva política, foi facilmente, e na maioria das vezes, gratuitamente criticada quando as críticas às experiências socialistas revelaram os (des)caminhos das revoluções socialistas. Isso porque, por oportunismo, as críticas a esses (des)caminhos fizeram confundir propositadamente as propostas políticas de um mundo socialista com a proposta de uma geografia radical. O mundo já não era o mesmo, muitas utopias haviam se tornado ainda mais distantes de se transformar em realidade.

A par dessas transformações, a desconcentração produtiva e a expansão do sistema financeiro, expressas na desterritorialização da produção, significaram a reconstrução da referência espacial em que o *onde* tendeu a se tornar opaco. A relação espaço-tempo se transfigurou e criou as condições em que o pensamento pós-moderno se afirmou. Pensamento que é ao mesmo tempo difícil de caracterizar e fácil de reconhecer.[5]

O pensamento pós-moderno questionou o esforço intelectual dos modernistas que, assentados na razão, se colocaram como tarefa o desenvolvimento de uma ciência objetiva que buscava superar as irracionalidades do mito, da religião e da superstição. Modernistas que procuraram desenvolver o domínio científico da natureza e os projetos de organização racional da sociedade. Homens que acreditavam no progresso técnico e na possibilidade infinita da razão para a construção de um mundo melhor.

Com a emergência do pensamento pós-moderno, a crença nas verdades absolutas foi minada, bem como a negação de qualquer explicação fundada na concepção de totalidade e em discursos universalistas. A ênfase dada foi no heterogêneo, na diferença e na descontinuidade. Incorporou-se a dimensão da subjetividade e valorizaram-se as ilusões, procurando reaver a tradição cultural comprometida pela homogeneização e universalização encontradas na modernidade. O pensamento pós-moderno criticou a ênfase dada pelo marxismo à análise das relações sociais de produção e das classes sociais e mostrou os limites das análises do pensamento moderno que, preocupado com os processos homogeneizadores do capital, desprezaram aspectos importantes para se compreender a sociedade atual, como o racismo e o feminismo.

Importante nessa discussão é observar que o pensamento pós-moderno não rejeita a história, mas recupera uma história como tradição cultural. Essa compreensão da história conduziu as análises que a reduziram a uma representação das mentalidades e dos costumes. Buscando um sentido estético das formas, valorizou-se o aparente fazendo com que a estética se apresentasse como um novo e valorizado mito da sociedade. Segundo Lefebvre, na sociedade atual, que é ao mesmo tempo conjunta e disjunta, associada e dissociada, os fragmentos funcionais do espaço são unificados pelo estetismo, com sua doutrina baseada no estudo racional do belo, capaz de amalgamar os fragmentos espaciais.[6]

O pós-modernismo revelou novas dimensões da realidade, colocando em relevo o espaço e propondo uma nova forma de apreender a relação espaço-tempo, na qual o espaço se coloca sobredeterminante em relação ao tempo, possibilitando a ênfase na espacialidade, e não na historicidade.

Tal redimensionamento da relação espaço-tempo, por ter suas raízes na crítica ao historicismo, passou a ser referido como pós-historicismo. Longe do que possa parecer, o pós-historicismo não nega a história. O pós-historicismo procurou superar o historicismo, no sentido de superar a ênfase no tempo, mas não propôs a negação da história. Renovou o conhecimento e a própria geografia. A análise regional foi valorizada, na medida em que se procura dar ênfase ao heterogêneo e à diferença por meio de região. Todavia, quando a análise regional incorpora a dimensão da subjetividade e a fuga às referências gerais conduz o estudo regional a cair facilmente numa atomização, em que os vínculos com os processos globais são pouco levados em consideração, produz-se uma espécie de monografia regional, que se distancia dos modelos clássicos apenas porque incorpora aspectos anteriormente ausentes.

Além desses aspectos, a perda dos vínculos com os processos globais e a obsessão pela desconstrução pós-moderna podem conduzir a uma geografia regional imbuída de uma perspectiva fragmentadora da realidade, na qual a região aparece como um espaço autônomo, bastante diferente das ideias de diferenciação e interdependência das partes de um todo. A ideia de fragmentação isolada da noção de homogeneização e hierarquização pode acabar rompendo a compreensão da realidade, que, cada vez mais, se apresenta como um conjunto disjunto, desigual e não harmônico.

A busca por novos caminhos de análise na geografia surgiu no momento em que o lugar, o regional e o global se recompuseram diante da recente reestruturação do capitalismo. Atualmente, com o processo de globalização essa reestruturação traz à tona o questionamento da pertinência da escala de análise regional e também o esclarecimento de sua relevância como instância particular de análise que se situa entre o local e o global.

Evidentemente, o que não se sustenta mais hoje em dia é a ideia de região nos moldes clássicos. O processo de homogeneização, longe de significar aniquilamento da região, significa fragmentação e também diferenciação regional. Tanto é que os movimentos regionalistas emergem como força política no momento em que o processo de globalização procura açambarcar e homogeneizar todo o espaço. O movimento regionalista nega o nacional, podendo se fechar em sua particularidade, e se coloca com um sentido totalmente inverso de outrora, quando afirmar a identidade regional era afirmar a identidade nacional, pois a construção do sentimento de pertencer a uma região integrada num todo harmônico, sob a direção do Estado, afirmava o sentimento nacionalista. Sinais de outros tempos: o regionalismo nega o nacional e a identidade nacional num contexto em que o nacional, que se dilui no bojo do processo de globalização, nega o regional.

CONCLUSÃO

De maneira geral, podemos dizer que no desenvolvimento do pensamento geográfico há dois grandes marcos de interpretação acerca do objeto da geografia. O primeiro entende que a geografia estuda a relação do homem com o meio e o segundo a concebe como um campo de conhecimento particular voltado para o estudo das diferenciações das áreas. Essas duas orientações gerais implicam concepções diferentes de região. Na primeira perspectiva, referida, muitas vezes, como ambientalista, a região existe em si mesma, ou seja, ela é autoevidente e cabe ao pesquisador reconhecê-la por meio de análises. A região, portanto, se coloca como objeto de estudo *a priori*. No segundo caso, a região não existe por si mesma, ela não é objeto de estudo no sentido restrito do termo, pois ela se conforma no final do processo de investigação, processo esse que constrói o recorte espacial por meio de elaboração de critérios definidos no processo de investigação.

O interessante é que nesses dois grandes marcos teóricos o enfoque regional se apresenta como a possibilidade de realizar a unidade da geografia decorrente da falácia crescente entre geografia física e humana. Na perspectiva ambientalista, os aspectos que interessam à natureza e à sociedade são reunidos no estudo regional e é por meio dele que a geografia se coloca como uma ciência de síntese. Na perspectiva corológica, as diferenciações das áreas são vistas pela inter-relação de fenômenos físicos e naturais e a geografia toma sentido e mantém sua unidade por meio do estudo corológico.

No primeiro caso, em que a região é autoevidente e considerada um objeto *a priori*, os recortes espaciais, ou seja, as regionalizações, também são autoevidentes e a pesquisa deve revelá-las reconhecendo seu determinismo. Nesse caso, o espaço é concebido como um mosaico de regiões determinadas. No segundo caso, as regionalizações são produtos de inter-relações de fenômenos que o pesquisador seleciona, conformando-se a região no final do processo de investigação.

Analisando de um outro ângulo essa questão da regionalização, independentemente de a questão da região se colocar como autoevidente ou como produto final da investigação, podemos perceber que o procedimento de regionalizar teve referências variadas. Primeiramente, as regionalizações se identificaram com a administração territorial e política. Em seguida, o critério natural foi o mais relevante para a elaboração de regionalizações. Com a percepção de que a natureza não seria a única determinante na conformação regional, foram concebidas propostas baseadas no critério econômico e em outros critérios. A título de lembrança e de exemplo, podemos mencionar a identidade posta entre região e espaço vivido e a compreensão da regionalização como produto da divisão territorial do trabalho.

É importante deixar bem claro que as perspectivas acerca da noção de região não são falsas nem verdadeiras. Apenas imbuídos de uma perspectiva metafísica é que poderíamos estar procurando verdades absolutas, eternas e definitivas, aprovando e reprovando, de forma absoluta, determinadas correntes de pensamento. Tão somente de uma perspectiva abstrata é que se poderia aprovar ou recriminar, em absoluto, as correntes de pensamento presentes no desenvolvimento da geografia regional, como se cada uma dessas correntes fosse inteiramente falsa ou verdadeira.

Diante da demonstração de pertinência da discussão que procuramos desenvolver, ou seja, diante da percepção de quanto pode ser reveladora a análise regional, torna-se quase um mistério saber por que o tema região parece estar tão obscurecido. Enfim, por que a geografia regional estaria fora de moda? Acreditamos que essa situação decorre de quatro fatores fundamentais. O primeiro é que, nos dias atuais, a realidade aparece, cada vez mais, como homogênea e indistinta, fazendo com que as diferenças pareçam anuladas. Dada essa aparência, a região parece se diluir imersa no homogêneo. Contudo, trata-se apenas de uma aparência, pois nas fissuras dessa homogeneidade emergem as diferenças, cujo exemplo mais agudo são os regionalismos que surgem como força política.

Um outro aspecto é que a noção de região, até recentemente, estava bastante vinculada à de planejamento e, como houve uma desmontagem dos planos de desenvolvimento regional, associou-se um descrédito à noção de região. Nesse caso, houve confusão entre a instrumentalização da noção de região com a noção em si mesma. Como categoria de análise geográfica, ao se colocar como instrumento para a elaboração desses planos e na medida em que esses planos se tornaram desacreditados, por decorrência, a região também acabou sendo desconsiderada. Em outras palavras, o descrédito decorrente da instrumentalização da noção de região se transferiu, como fruto de uma impropriedade teórica e metodológica, para a própria noção.

Em terceiro lugar, a multiplicidade de estudos regionais que se repetiam tomou o estudo regional uma monotonia, salvo pelo objeto de investigação que se deslocava, numa repetição enfadonha de formulações teóricas e metodológicas banalizadas, chegando a se transformar em estudos sem criatividade, muito embora tenham méritos científicos.

Por último, e o que nos parece mais relevante, a discussão a respeito da noção de região coloca, claramente, a questão da unidade da disciplina geográfica. Nada há que não seja herança, ou seja, produto histórico de determinadas condições sociais. Já não se trata mais de perguntar, outra vez, se a geografia é uma ciência, mas de renovar a pergunta de como se determina a sua unidade. Convém lembrar que, em grande parte, as questões da crise e da sua unidade como ciência ressurgiram no momento em que a geografia foi colocada como uma ciência social. O que foi esquecido é que a geografia, embora se constitua num conhecimento que se coloca no âmbito da ciência social, difere da teoria social, na medida em que considera os aspectos da natureza para a construção da compreensão da realidade.

A geografia regional vista como ciência social, sem atentar para sua especificidade que incorpora a dimensão da natureza, acabou sendo negada como forma de se esquivar ao problema da unidade da geografia. Em outros termos, a especificidade da geografia, ao ser esquecida, acabou conduzindo ao enfraquecimento da noção de região. Substituiu-se região por território, e assim a referência privilegiada passou a ser o território, com sua dimensão francamente política que não resvalava pela difícil questão da disciplina.

Desde que a geografia deixou de ser considerada uma ciência de síntese, a perspectiva regional não pôde mais ser considerada uma solução para os impasses teóricos da disciplina. Na nossa opinião, a emancipação da geografia, prisioneira da palavra região, significou o abandono e a desconsideração de importantes questões teóricas que agora se recolocam para a ciência geográfica.

Apesar dessas dificuldades ou mais especificamente quanto à perda de importância da geografia regional, o estudo regional se constitui num dos campos mais importantes para o avanço do conhecimento geográfico. A noção de região encontra consenso e reconhecimento por estar inserida nos estudos regionais, por isso é disputada pelas mais diversas disciplinas. Tanto que não há lugar, escola ou universidade, onde esteja presente uma preocupação geográfica, em que não existam disciplinas voltadas para o estudo regional, mesmo como um complemento interdisciplinar. Defendemos aqui a posição de que embora a temática da região possa ser interdisciplinar, a geografia regional constitui um campo disciplinar particular da geografia.

Imbuídos dessas preocupações é que nos motivamos a analisar a relação entre região e geografia, tecendo algumas considerações que contribuem para a compreensão do desenvolvimento da geografia regional. Em nossa opinião, é no desenvolvimento histórico de uma disciplina que se constrói sua teoria. Esse ponto de vista nos permitiu revelar que desde a preocupação geográfica da Antiguidade há uma continuidade na formação de métodos e sistematizações do conhecimento geográfico com interesse na análise regional.

A noção de região é relevante para a compreensão do recorte espacial e se constitui numa categoria de análise própria da geografia. Como outras noções próprias da geografia, contém a possibilidade de revitalizar e renovar o pensamento geográfico.

NOTAS

1. Nesse sentido, é um continuador de Homero, tanto que sua revisão crítica do conhecimento geográfico parte da obra desse autor; mas, como Erastótenes, seus textos estão despidos de mitologia, centrando-se mais em fatos concretos.
2. É importante lembrar que as bases do pensamento idealista encontram-se em Kant, que afirmou a particularidade do espaço geográfico por este ser dividido em regiões. Kant dizia que as regiões constituem o substrato da história dos homens.
3. Vidal de La Blache, *apud* José Estébanez, *Tendencias y problemática actual de la geografía*. Madri: Editorial Cincel, 1983. 2ª ed. p. 58.
4. Graham, Julie. *Post Modernism and Marxism*. Antipode, 20: 1, 1988, p. 61.
5. Lefebvre, Henri. *L'Espace*. In: *Le Droit à la Ville (suive de) Espace et Politique*. Paris: Ed. Anthropos, 1972, p. 176.